L'ENVIE

FRÉDÉRIK BASTIEN

LES SEPT PÉCHÉS CAPITAUX par E. SUE

PÉTION ÉDITEUR N° 11 RUE DU JARDINET

LES
SEPT PÉCHÉS CAPITAUX

2ᵉ partie.

L'ENVIE

III

SOUS-PRESSE :

LA COLÈRE — LA LUXURE — LA PARESSE
L'AVARICE — LA GOURMANDISE

CORBEIL, imprimerie de CRÉTÉ.

L'ENVIE

FRÉDÉRIK BASTIEN

LES SEPT PÉCHÉS CAPITAUX PAR E. SUE

1848

I

Lorsque Marie se présenta si inopinément devant lui, David était assis à sa petite table, dans l'attitude de la méditation. A la vue de la jeune femme, pâle, éplorée, les cheveux épars, et dans le désordre d'une toilette de nuit, il se leva brusquement, et, devenant aussi pâle que Marie, car il croyait à quelque funeste événement, il lui dit :

— Madame… qu'est-il arrivé?… est-ce que Frédérik?…

— Monsieur David, — s'écria la jeune femme, — il est impossible que vous nous abandonniez ainsi…

— Madame…

— Je vous dis que vous ne partirez pas… non, vous n'aurez pas ce courage… Mon unique… mon dernier espoir est en vous… car, vous le savez bien, mon Dieu! je n'ai que vous au monde pour me venir en aide…

— Madame… un mot, je vous en conjure.

Marie, joignant les mains, ajouta d'une voix suppliante :

— Grâce... monsieur David... soyez bon et généreux jusqu'à la fin... pourquoi vous décourager ?... Les emportements de mon fils ont cessé... il a renoncé à ses projets de vengeance... C'est déjà beaucoup... et, cela, je le dois à votre influence...

L'abattement de Frédérik augmente... mais ce n'est pas une raison pour désespérer... Mon Dieu ! mon Dieu !... Peut-être vous me croyez ingrate... parce que je vous exprime mal ma reconnaissance. Ce n'est pas ma faute... Mon pauvre enfant paraît vous être aussi cher qu'à moi... Vous dites quelquefois *notre* Frédérik...

alors j'oublie que vous êtes un étranger qui a eu pitié de nous; votre tendresse pour mon fils me semble si sincère, que je ne m'étonne pas plus de vous voir vous dévouer pour lui, que je ne m'étonne de me dévouer moi-même.

Dans sa stupeur, David n'avait pu d'abord trouver un mot... puis il éprouva un si grand bonheur à entendre Marie lui peindre sa gratitude, d'une manière si touchante, que, malgré lui, il ne la rassura peut-être pas aussitôt qu'il l'aurait pu. Cependant, se reprochant de ne pas mettre fin aux angoisses de cette malheureuse femme, il reprit:

— Veuillez m'écouter, madame...

— Non... non, — s'écria-t-elle avec l'impétuosité de la douleur et de la prière, — oh!... il faudra bien que vous ayez pitié... vous ne voudrez pas me tuer par le désespoir après m'avoir fait tant espérer. Est-ce que je peux me passer de vous maintenant? Mais, mon Dieu! que voulez-vous que je devienne si vous partez? Oh! monsieur David, il est un souvenir tout-puissant sur vous... celui de votre jeune frère. C'est au nom de ce souvenir que je vous supplie de ne pas abandonner Frédérik. Vous avez été jusqu'ici aussi tendre pour lui que s'il était votre enfant ou votre frère. Ce sont là des liens... sacrés qui nous unissent vous et moi! et ces liens... vous ne les romprez pas ainsi sans pitié; non, non, cela ne se peut pas...

Et les sanglots étouffèrent la voix de la jeune femme.

Des larmes aussi vinrent aux yeux de David, et il s'empressa de dire à madame Bastien d'une voix émue et pénétrante :

— J'ignore, madame... qui a pu vous faire croire que je partais... Rien n'est plus loin de ma pensée...

— Vrai!!! — s'écria Marie avec un accent indéfinissable.

— Et s'il faut tout vous dire... madame... j'ai pu parfois, non me décourager,... mais avoir conscience de la difficulté de notre tâche; mais aujourd'hui... à cette heure... pour la première fois... j'ai bon espoir...

— Mon Dieu!... vous l'entendez! — murmura Marie avec une religieuse émotion. — Que cette espérance ne soit pas vaine!...

— Elle ne le sera pas, madame, j'ai tout lieu de le croire, et, loin de songer à partir, j'ai passé mon temps à réfléchir à la journée de demain, qui doit être décisive. Pour ne pas interrompre le cours de ces réflexions, j'ai pris le prétexte d'une légère indisposition, afin de ne pas paraître au dîner. Rassurez-vous donc, madame, je vous en conjure à mon tour. Croyez que je n'ai qu'une seule pensée au monde... le salut de *notre* Frédérik ; aujourd'hui, ce salut est non-seulement possible... mais probable... Oui, tout me dit que demain sera pour nous un heureux jour...

Il est impossible de peindre la transformation qui, à chaque mot de David, se manifesta dans la physionomie de la jeune femme... Son visage, naguère pâle, bouleversé par la douleur, s'était soudain coloré par l'émotion d'une surprise heureuse : ses traits enchanteurs, à demi voilés par les ondes de ses cheveux dénoués, rayonnaient alors d'une espérance ineffable.

Marie était si adorablement belle, ainsi vêtue de ce peignoir blanc à demi entr'ouvert par les violentes palpitations de son beau sein, qu'une bouffée de brûlante ardeur monta au front de David et aviva encore l'amour passionné qu'il sentait depuis quelque temps avec effroi envahir peu à peu son cœur.

— Monsieur David, — reprit madame Bastien, — vous ne voudriez pas m'abuser par un fol espoir... afin de vous soustraire à mes prières, afin de vous épargner la vue de mes larmes. Oh! pardon... pardon, j'ai honte de ce dernier doute, dernier écho de ma terreur passée... oh! je vous crois... je vous crois, je suis si heureuse de vous croire!

— Vous le pouvez, madame... car je n'ai jamais menti, — répondit David, osant à peine jeter les yeux sur Marie, dont la beauté l'enivrait jusqu'au vertige. — Mais qui a pu, madame... vous faire supposer que je partais?...

— C'est Marguerite... qui tout à l'heure m'a dit cela dans ma chambre; alors, tout effrayée, je suis accourue chez vous.

Ces mots rappelèrent à David que la présence de madame Bastien, dans sa chambre à lui, à une heure avancée de la nuit, pouvait sembler étrange aux serviteurs de la maison, malgré l'affectueux respect dont la jeune mère était entourée ; aussi, profitant d'un prétexte qu'elle venait de lui offrir, il s'avança jusqu'au seuil de sa porte, restée d'ailleurs ouverte pendant cet entretien, et appela Marguerite à haute voix.

— Pardon, madame, — dit-il alors à Marie qui le regardait avec surprise ; — je désirerais savoir comment Marguerite a pu croire que je partais.

La servante, aussi étonnée qu'effrayée de la

brusque sortie de sa maîtresse, se hâta de monter chez David, qui lui dit aussitôt :

— Ma chère Marguerite, vous venez de causer une bien vive inquiétude à madame Bastien en lui disant que je me préparais à quitter la maison... et cela au moment où Frédérik, ce pauvre enfant que vous avez presque vu naître, a besoin de tous nos soins. Dans sa vive anxiété, madame Bastien est accourue ici; heureusement rien ne m'a été plus facile que de la rassurer; mais, encore une fois, comment avez-vous cru à mon départ?

— Ainsi que je l'ai dit à madame, monsieur David, vous aviez demandé à André un cheval et une charrette pour transporter des malles à Pont-Brillant... alors... moi... j'ai cru...

— Il est vrai! — dit David en interrompant Marguerite; puis, s'adressant à Marie :

— Pardon mille fois, madame, d'avoir donné lieu à une erreur qui vous a causé une telle inquiétude... Voici tout simplement ce dont il s'agit : je m'étais chargé de quelques caisses de livres, que je devais remettre, à mon arrivée au Sénégal, à l'un de nos compatriotes. En partant de Nantes, j'avais, dans ma préoccupation, donné ordre de m'adresser ici mes bagages; ces caisses ont fait, contre mon intention, partie de cet envoi, et c'est...

— Pour les retourner à Nantes par la diligence qui passe à Pont-Brillant, que vous avez demandé un cheval et une charrette, n'est-ce pas, monsieur David ? — dit la vieille servante.

— Justement, ma chère Marguerite.

— C'est de la faute d'André aussi! — reprit la servante. — Il me dit des malles; moi je me suis dit : des malles ou des effets, c'est la même chose; mais, Dieu merci! vous avez rassuré madame, et vous restez, monsieur David; car, à elle toute seule, elle aurait eu bien du mal avec le pauvre monsieur Frédérik.

Pendant cet échange d'explications entre Marguerite et David, madame Bastien, complétement rassurée, revint pour ainsi dire tout à fait à elle; alors, sentant flotter sur son sein, demi-nu, une des longues tresses de ses cheveux, Marie songea au désordre de ses vêtements; mais elle était si pure, si candide, et chez elle la *mère* primait tellement la *femme* que, dans le premier moment, elle n'attacha aucune importance aux diverses circonstances de son entrevue nocturne avec David; mais lorsque son instinct de pudeur naturelle se réveilla, elle réfléchit à ce qu'il y aurait eu d'embarrassant, de pénible pour elle, à s'apercevoir, seule à seule avec David, qu'elle était accourue chez lui en toilette de nuit; aussi devina-t-elle bientôt toute la délicatesse du sentiment auquel David avait obéi en appelant Marguerite pour lui demander une explication qu'il devait naturellement attendre d'elle, madame Bastien.

Ces réflexions, Marie les avait faites pendant les explications échangées entre David et Marguerite.

Ne sachant comment réparer le désordre de sa coiffure et de sa toilette, sans être aperçue de David, et sentant que cette *réparation* même était pour ainsi dire l'aveu tacite d'une inconvenance fâcheuse quoique excusable, la jeune femme sut cependant sortir de cet embarras.

La servante portait un grand châle de laine ponceau; madame Bastien le lui ôta doucement en silence de dessus les épaules; puis, ainsi que font les femmes du pays, Marie se le mit sur la tête, et le croisa, de sorte que ses cheveux flottants étaient ainsi à demi cachés et qu'elle se trouvait enveloppée jusqu'à la ceinture dans les longs plis du châle.

Ceci fut fait avec tant de prestesse, que David ne s'aperçut pour ainsi dire de la métamorphose du costume de Marie qu'au moment où celle-ci disait à sa servante avec une affectueuse familiarité :

— Ma bonne Marguerite... pardon si j'ai pris votre châle... mais cette nuit est glaciale et j'ai froid...

Si David avait trouvé la jeune femme adorablement belle et touchante, les cheveux épars et toute vêtue de blanc, il la trouva d'une beauté autre, et charmante encore, sous cette espèce de mante de couleur ponceau. Rien ne pouvait mieux faire ressortir le doux éclat des grands yeux bleus de Marie, le brun de ses cheveux et la blancheur rosée de ses traits.

— Bonsoir, Monsieur David, — dit la jeune mère, — après être entrée chez vous désespérée... je sors rassurée... puisque vous me dites que demain doit être un jour d'épreuve décisive pour Frédérik... et un jour peut-être bien heureux pour nous...

— Oui, madame... j'ai bon espoir... et si vous le permettez, demain matin, avant de voir Frédérik, j'irai vous trouver dans la salle d'étude...

— Je vous y attendrai, monsieur David, et avec une grande impatience... Dieu veuille que vos prévisions ne vous trompent pas. Encore bonsoir, monsieur David... Venez-voir, Marguerite?

La jeune femme avait depuis longtemps quitté la chambre de David, que celui-ci, immobile à la même place, croyait voir... voyait encore, avec un voluptueux frémissement, cette figure enchanteresse abritée sous les plis de ce châle.

II

Le lendemain matin, à huit heures, David attendait madame Bastien dans le salon d'étude; elle y arriva bientôt.

— Bonjour, madame... — lui dit le précepteur. — Eh bien,... Frédérik ?

— En vérité, monsieur David, je ne sais si

je dois me réjouir ou m'alarmer... car, cette nuit, il s'est passé... une chose si étrange...

— Comment cela, madame?

— Accablée par les émotions de la soirée d'hier, je dormais d'un de ces sommeils profonds et lourds, dont le réveil même vous laisse pendant quelques moments dans une torpeur accablante... et vous donne à peine la conscience de ce qui se passe autour de vous... Soudain, il m'a semblé que, réveillée à demi... je ne sais par quelle cause... je voyais confusément, à la lueur de ma lampe, Frédérik penché sur mon lit... Il me regardait en pleurant... et me disait : — *adieu... mère, adieu !* — Je voulus lui parler... faire un mouvement ; mais l'engourdissement contre lequel je luttais m'en empêcha pendant quelques moments... Enfin après un dernier effort de ma volonté, je m'éveillais tout à fait... Frédérik avait disparu... Encore toute étourdie... je me demandai si cette apparition était un songe ou une réalité. Après une hésitation de quelques secondes, j'allai chez mon fils... il dormait ou il feignait de dormir profondément... Dans le doute, je n'osai réveiller... ce pauvre enfant, il dort si peu... maintenant!

— Et, ce matin... madame... lui avez-vous parlé de l'incident de cette nuit?

— Oui... mais il a eu l'air si sincèrement surpris de ce que je lui disais, il m'a affirmé si naturellement qu'il n'avait pas quitté sa chambre, que je ne sais plus que penser... Ai-je été dupe d'une illusion? Dans mon incessante préoccupation de Frédérik... aurai-je pris un rêve pour une réalité? cela se peut... Cependant il me semble encore voir la figure de mon fils, baignée de larmes... entendre sa voix oppressée me dire : *adieu... mère... adieu...* Mais pardon, monsieur,—dit madame Bastien, d'une voix altérée, en portant son mouchoir à ses yeux, — le seul souvenir de ce mot *adieu*... me fait mal... Pourquoi ces adieux? où veut-il aller? Rêve ou réalité, ce mot, malgré moi, m'inquiète.

—Calmez-vous, madame,—dit David, après avoir attentivement écouté madame Bastien,— je crois comme vous, que l'apparition de Frédérik a été une illusion produite par la tension continuelle de votre esprit... Mille exemples attestent la possibilité de pareilles hallucinations.

— Mais ce mot *adieu?*... ah! je ne puis vous dire le serrement de cœur qu'il m'a causé, le noir pressentiment qu'il me laisse encore...

— De grâce, madame, n'attachez pas d'importance à un rêve... je dis rêve parce qu'il est difficile d'admettre la réalité de cet incident; à propos de quoi Frédérik serait-il venu pleurer à votre chevet et vous faire ses adieux pendant votre sommeil? Comment voulez-vous qu'il pense à vous quitter? où peut-il aller... maintenant que notre double surveillance compte chacun de ses pas?

— Il est vrai... monsieur David... et pourtant...

— De grâce, rassurez-vous, madame... et d'ailleurs vous m'aviez dit, je crois, qu'en dehors de cet incident, vous ne saviez si vous deviez vous réjouir ou vous alarmer, et cela pour quelle cause?

— Ce matin, Frédérik m'a paru calme, presque content : il n'avait plus l'air abattu... il souriait, et, comme par le passé, il m'a embrassé avec une tendre effusion, me suppliant de lui pardonner les chagrins qu'il m'avait causés et me promettant de faire tout au monde pour me les faire oublier... Aussi, en rapprochant de vos rassurantes paroles d'hier, ce langage si nouveau de la part de mon fils, et l'espèce de satisfaction que je lisais sur ses traits, j'aurais dû me trouver heureuse, bien heureuse...

— En effet, madame, et pourquoi vous alarmer? Ce revirement soudain... qui coïncide merveilleusement avec mes espérances, avec mes projets, doit, au contraire...

David fut interrompu par l'arrivée de Frédérik. Celui-ci, toujours pâle, mais le front serein, la bouche souriante, s'avançant vers son précepteur d'un air ouvert, lui dit avec un mélange de déférence et de cordialité :

— Monsieur David, j'ai à vous demander votre indulgence et votre pardon pour un pauvre garçon à moitié fou, qui, lors de votre arrivée ici, vous a dit des paroles dont il eût rougi s'il avait eu conscience de ses idées et de ses actions... Depuis cette époque, ce pauvre garçon s'est montré moins grossier, mais il est resté impassible devant les mille témoignages de bonté dont vous l'avez comblé... De tous ces torts... il se repent. M'accordez-vous sa grâce?

— De tout mon cœur, mon brave enfant, — répondit David en échangeant un regard de surprise et de bonheur avec madame Bastien.

— Merci, monsieur David! — répondit Frédérik en serrant avec émotion les mains de son précepteur entre les siennes; — merci... pour ma mère et pour moi..

— Ah! mon enfant... — dit vivement madame Bastien, — je ne puis te dire combien tu me rends heureuse... nos mauvais jours sont donc finis!

—Oui, mère... et ce n'est plus moi qui, je te le jure, te causera des chagrins.

—Mon cher Frédérik... — dit David en souriant, — vous savez que je ne suis pas un précepteur comme un autre... et que j'aime prendre les champs pour salle d'étude,... le temps est assez beau, ce matin,... voulez-vous que nous sortions?

Frédérik tressaillit imperceptiblement, puis il reprit aussitôt:

— Je suis à vos ordres, monsieur David...

Et se retournant vers madame Bastien:

— Adieu, mère, — dit l'adolescent, en embrassant la jeune femme.

Il est impossible de rendre ce qu'éprouva madame Bastien, en entendant ces mots :

— *Adieu, mère...*

Ces mots qui, la nuit précédente, illusion ou réalité, avaient retenti dans son cœur, comme un funeste pressentiment...

Marie crut aussi remarquer que son fils faisait, pour ainsi dire, durer cette fois ses baisers plus longtemps que de coutume... et que sa main, qu'elle tenait, frissonnait dans la sienne...

L'émotion de la jeune mère fut si vive, que ses traits devinrent d'une grande pâleur, et elle s'écria malgré elle, avec un accent d'effroi:

— Mon Dieu! Frédérik, où vas-tu?

David n'avait pas quitté madame Bastien des yeux, il devina tout et lui dit de l'air le plus naturel du monde, quoique en appuyant sur certains mots avec intention:

— Eh mais! madame... Frédérik *vous dit adieu,* parce qu'il vient se promener avec moi.

— Sans doute, mère... — ajouta le jeune homme, frappé de l'émotion de madame Bastien, et jetant sur elle à la dérobée un regard inquiet et pénétrant.

Ce regard, David le surprit tout en faisant à madame Bastien un signe expressif qui semblait lui dire :

— Qu'avez-vous à craindre ? Ne suis-je pas là ?

— Il est vrai... mes craintes sont folles, — pensa madame Bastien, M. David n'est-il pas avec Frédérik ?

Tout ceci s'était passé en bien moins de temps qu'il n'en faut pour l'écrire ; le précepteur, prenant Frédérik sous le bras, dit à madame Bastien en souriant :

— Il est probable, madame, que notre *classe* en plein champ durera jusqu'au déjeuner :

vous voyez que je suis sans pitié pour mon élève... Je veux vous le ramener harassé de fatigue...

Madame Bastien ouvrit la porte vitrée qui donnait de la salle d'étude sous la futaie. David et Frédérik sortirent.

L'adolescent évita de rencontrer de nouveau le regard de sa mère.

Longtemps la jeune femme resta rêveuse et attristée au seuil de la porte, les yeux attachés sur le chemin que son fils et David avaient pris.

— Je vous laisse le choix de notre promenade, mon cher enfant, — avait dit David à

Frédérik lorsqu'ils furent sur la lisière de la futaie.

— Oh! mon Dieu... monsieur David, peu importe, — répondit simplement Frédérik; — mais, puisque vous me laissez le choix, je vais vous conduire d'un côté que vous ne connaissez peut-être pas... tenez, vers ce bouquet de sapins que vous voyez là-bas, au faîte de la colline.

— En effet, mon enfant... je ne suis point encore allé de ce côté... — dit David en se dirigeant avec son élève vers le but de leur promenade.

De plus en plus surpris de l'étrange coïncidence de ses espérances avec le revirement soudain qui semblait se manifester chez le fils de madame Bastien, David l'observa attentivement, et remarqua qu'il tenait presque toujours ses yeux baissés, quoique, par un mouvement presque involontaire, en traversant la futaie, il eût, par deux ou trois fois, tourné la tête derrière lui pour regarder sa mère, tant qu'il put la voir au loin, à travers les éclaircies des grands arbres, debout au seuil de la porte.

Après quelques minutes d'examen, David reconnut que le calme de Frédérik était feint : une fois hors de la présence de sa mère, le jeune homme, d'ailleurs incapable de se contraindre longtemps, redevint soucieux et visiblement préoccupé... ses traits se contractaient parfois et prenaient alors, si cela peut se dire, une expression de sérénité navrante dont David s'inquiéta. En effet, afin de ne pas effrayer madame Bastien, il avait tâché de la persuader que l'apparition de Frédérik, durant la nuit précédente, était un rêve... Mais David ne pensait pas ainsi ; il regardait comme une réalité les adieux nocturnes de Frédérik à sa mère endormie ; cette circonstance, jointe à ce qu'il observait à l'heure même, lui fit craindre que le brusque changement de son élève ne fût joué et ne cachât quelque funeste résolution.

— Mais, heureusement, — pensait David, — je suis là...

Lorsqu'ils eurent quitté la futaie, Frédérik prit un chemin gazonné à travers les guérets qui, laissant à droite la forêt de Pont-Brillant, se dirigeait vers la crête d'une petite colline au sommet de laquelle on apercevait cinq ou six grands sapins isolés.

— Mon cher enfant, — dit David au bout de quelques instants, — je suis d'autant plus heureux des paroles remplies d'affectueuse confiance que vous m'avez adressées ce matin, qu'elles ne pouvaient venir plus à propos...

— Pourquoi cela, monsieur David?

— Parce que, fort de cette confiance et de cette affection que j'avais tâché de vous inspirer jusqu'ici... je pourrai entreprendre avec vous... une tâche... qui d'abord semble bien difficile...

— Et cette tâche, quelle est-elle?

— Vous rendre aussi heureux que vous l'étiez... autrefois.

— Moi!... — s'écria involontairement Frédérik.

— Oui.

— Mais, — reprit Frédérik, en se contraignant, — je ne suis plus malheureux... je l'ai dit ce matin à ma mère... le malaise que je ressentais... et qui m'avait aigri le caractère... s'est dissipé... presque tout à coup... D'ailleurs M. Dufour avait annoncé à ma mère... que cela finirait ainsi.

— Vraiment, mon enfant... vous n'êtes plus malheureux? vos chagrins ont cessé? vous avez le cœur libre, content, joyeux comme autrefois?

— Monsieur...

— Hélas, mon cher Frédérik, la droiture de votre cœur vous empêche de dissimuler longtemps la vérité... Oui, quoi que vous ayez dit ce matin à votre mère pour la rassurer, vous souffrez encore à cette heure... vous souffrez autant et plus peut-être que par le passé.

Les traits de Frédérik se contractèrent. La pénétration de David l'atterrait... et, pour éviter ses regards, il baissa les yeux.

David l'observait attentivement. Il continua :

— Votre silence même me prouve, mon cher enfant, que cette tâche que je me propose : vous rendre heureux comme par le passé, est encore à remplir; vous vous étonnerez sans doute de ce que je n'ai pas essayé de l'entreprendre plus tôt. La raison en est simple... je ne voulais rien tenter sans une certitude absolue... et c'est d'hier seulement que ma conviction est formée sur la cause du mal qui vous accable... qui vous tue... Cette cause... je la connais...

Frédérik frissonna d'épouvante... Cette épouvante, mêlée de stupeur, se peignit dans le regard qu'il jeta, malgré lui, sur David.

Puis, regrettant d'avoir trahi son impression, le jeune homme retomba dans un morne silence.

— Ce que je vous ai dit, mon enfant, vous étonne ; cela doit être, — reprit David ; mais, — ajouta-t-il d'un ton de tendre reproche : — Pourquoi vous effrayer de ma pénétration ? Lorsque notre ami, le docteur Dufour, vous a guéri d'une maladie presque mortelle, n'a-t-il pas dû, pour combattre sûrement votre mal, en connaître la cause ?...

Frédérik ne répondit rien.

Depuis quelques instants, et à mesure qu'il s'approchait, ainsi que David, du faîte de la colline où l'on voyait quelques sapins disséminés, le fils de madame Bastien avait de temps à autre jeté un coup d'œil oblique et inquiet sur son compagnon. Il semblait craindre de voir déjouer un projet qu'il méditait depuis qu'il avait quitté la maison de sa mère.

Au moment où il finissait de parler, David remarqua que le chemin aboutissant à la crête de la colline se changeait en un étroit sentier logeant le bouquet de sapins, et que Frédérik, par un mouvement de déférence apparente, s'était un instant arrêté, comme s'il n'eût pas voulu prendre le pas sur son précepteur. Celui-ci, n'attachant aucune importance à cet incident, si naturel et si insignifiant d'ailleurs, passa le premier.

Au bout de quelques instants, il lui sembla

ne plus entendre Frédérik marcher derrière lui... Il se retourna...

Le fils de madame Bastien avait disparu.

III

David, stupéfait, regarda autour de lui.

A sa droite s'étendaient les guérets à travers lesquels serpentait la route qu'il venait de suivre avec Frédérik, pour arriver au faîte de la colline; mais il s'aperçut seulement alors, en faisant quelques pas vers sa gauche, que, de ce côté, ce pli de terrain était, dans une longueur de trois ou quatre cents pieds, coupé presque à pic et surplombait un grand bois, dont les cimes les plus élevées n'atteignaient qu'au tiers de l'escarpement.

Du point culminant où il se trouvait, David dominant au loin la plaine, s'assura que Frédérik n'était, ni à sa droite, ni devant, ni derrière lui; il n'avait donc pu subitement disparaître que par l'escarpement de gauche.

L'angoisse de David fut terrible... en songeant au désespoir de madame Bastien s'il revenait seul auprès d'elle. Mais cette stupeur inactive ne dura pas longtemps; homme d'un sang-froid et d'une résolution souvent éprouvés dans ses périlleux voyages, il avait acquis cette rapidité de décision qui est la seule chance de salut dans les cas extrêmes.

En une seconde, David eut fait le raisonnement suivant, agissant pour ainsi dire à mesure qu'il pensait :

— Frédérik n'a pu m'échapper que du côté de l'escarpement, il ne s'est pas jeté dans ce précipice, j'aurais entendu le bruit de son corps tombant et brisant les branchages des grands arbres que voici là, au-dessous de moi! il est donc descendu par quelque endroit connu de lui; le sol est boueux, je dois retrouver la trace de sa marche; où il a passé... je passerai, il n'a pas plus de cinq minutes d'avance sur moi.

David avait pédestrement voyagé avec une tribu d'Indiens de l'Amérique du Nord, et plus d'une fois, à la chasse, séparé du gros de ses compagnons dans les forêts vierges du nouveau monde, il avait appris des Indiens auprès de qui il était resté à retrouver leurs compagnons, grâce à des observations d'une rare sagacité.

Revenant donc à l'endroit où il s'était aperçu de la disparition de Frédérik, David, pendant la longueur de cinq ou six mètres, ne vit d'autre empreinte que celle de ses pas à lui ;... mais bientôt il reconnut ceux de Frédérik tournant brusquement et se dirigeant vers le bord de l'escarpement qu'ils côtoyaient quelque peu, puis ils disparaissaient.

David regarda au-dessous de lui.

A une quinzaine de pieds environ, la cime d'un orme étendait ses bras immenses, jusqu'à toucher la pente rapide de l'escarpement; entre cette cime branchue et l'endroit où il se trouvait, David remarqua une grosse touffe de genêts, à laquelle on pouvait arriver en se laissant glisser par une brèche assez large, ouverte dans le sol argileux; là encore on voyait des empreintes toutes fraîches.

— Frédérik a gagné cette touffe de broussailles, — dit David en prenant le même chemin avec autant d'agilité que de hardiesse, — et, ensuite, — pensa-t-il — Frédérik, se suspendant avec les mains, aura pu atteindre du bout des pieds une des grosses branches du faîte de l'orme et, de là, descendre de rameaux en rameaux jusqu'au pied de l'arbre.

Chez David l'action accompagnait toujours la pensée : en peu d'instants, il se laissa glisser jusqu'au sommet de l'arbre ; quelques petites branches récemment rompues, et l'érosion de l'écorce aux endroits où avaient posé les pieds de Frédérik, indiquaient son passage.

Lorsque David eut lestement descendu au bas de l'orme, la couche épaisse de feuilles détachées par l'automne, et amoncelées sur le sol, rendirent plus difficile l'exploration de la marche de Frédérik ; mais le léger tassement de cette feuillée-là où avaient posé ses pieds, le brisement ou l'écartement des taillis, très-épais aux endroits qu'il venait de traverser, ayant été soigneusement observés par David, servirent à le guider à travers une large enceinte. Lorsqu'il en sortit, il fut frappé d'un bruit sourd, peu lointain, mais formidable, qu'il n'avait pu jusqu'alors remarquer, au milieu du frôlement des branchages et des feuilles sèches.

Ce bruit formidable était celui des grandes eaux...

L'oreille exercée de David ne lui laissa aucun doute à ce sujet...

Une horrible idée lui vint à l'esprit; mais son activité, sa résolution, un moment suspendues par l'épouvante, reçurent une nouvelle et vigoureuse impulsion; l'enceinte dont il sortait, aboutissait à une allée sinueuse, dont le sol humide offrit pendant assez longtemps encore la trace des pas de Frédérik... David la suivit en grande hâte, car, à l'intervalle et à la disposition des empreintes, il s'aperçut qu'en cet endroit le jeune homme avait couru...

Mais bientôt... un sol ferme et sec, parce qu'il était sableux et plus élevé, succédant au sol détrempé des bas-fonds, tout vestige de pas disparut...

David se trouvait alors dans une espèce de carrefour... d'où l'on entendait de plus en plus distinctement le bruit de la Loire, dont les eaux, extraordinairement grossies depuis peu de jours, mugissaient avec fracas.

Courir droit à la rivière, en se guidant sur son retentissement puisqu'il lui était impossible de suivre plus longtemps Frédérik à la trace... telle fut la résolution de David, dont l'angoisse redoublait en se rappelant les adieux nocturnes adressés par son élève à sa mère endormie.

Le péril était au bord de la Loire; c'est dans cette direction que David s'élança à travers bois, s'orientant d'après le bruit du fleuve.

Au bout de dix minutes, quittant le taillis en courant et traversant une prairie bornée par la jetée du fleuve, David gravissait cette jetée en quelques bonds...

A ses pieds, il vit une immense nappe d'eau

jaunâtre, rapide, écumante, dont le flot venait bouillonner et mourir sur la grève....

Aussi loin que put s'étendre sa vue, David, haletant de sa course précipitée, n'aperçut rien...

Rien... que l'autre rive du fleuve noyée dans la brume...

Rien... qu'un ciel gris et morne d'où tomba bientôt une pluie battante...

Rien... que ce cours d'eau limoneuse, grondant comme un tonnerre lointain et formant vers le couchant une grande courbe au-dessus de laquelle s'étageaient les massifs de la forêt de Pont-Brillant, dominés par son immense château.

Réduit à une inaction forcée, David sentit son âme forte et valeureuse fléchir sous le poids d'un grand désespoir.

Contre ce désespoir il essaya, mais en vain, de lutter, se disant que peut-être Frédérik ne s'était pas résolu à une extrémité terrible. Il alla jusqu'à attribuer la disparition subite du jeune homme à une espièglerie d'écolier.

Hélas! cette illusion, David ne la conserva pas longtemps... une bourrasque du vent qui soufflait violemment dans le sens du courant du fleuve apporta presque aux pieds de David, en la faisant rouler et voltiger sur la grève, une casquette de drap bleu, ceinte d'une petite bordure écossaise... que Frédérik portait le matin même.

— Malheureux enfant, — s'écria David, les yeux pleins de larmes, — et sa mère... sa mère... ah! c'est affreux!

Soudain, il lui sembla entendre, dominant le grondement des eaux et amené par le vent, un long cri de détresse.

Remontant alors la jetée à l'encontre du vent qui lui apportait ce cri, David courut de toutes ses forces dans cette direction.

Soudain il s'arrêta.

Ces mots, exclamés avec un accent déchirant, venaient d'arriver à son oreille :

— *Ma mère... oh! ma mère!*

A cent pas devant lui, David aperçut, presque en même temps, au milieu des eaux rapides, la tête de Frédérik, livide, effrayante !... ses longs cheveux collés à ses tempes, ses yeux horriblement dilatés... pendant que ses bras, par un dernier effort, s'agitaient convulsivement au-dessus du gouffre.

Puis le précepteur ne vit plus rien... qu'un bouillonnement plus prononcé à l'endroit où il avait aperçu le corps.

Une lueur d'espérance illumina cependant

la mâle figure de David... mais, sentant l'imminence du péril et le danger d'une aveugle précipitation, car il avait besoin de toute son agilité, de toutes ses forces, et, si cela se peut dire, de toutes *ses aises*, pour sauver Frédérik, et ne pas périr lui-même, il eut l'incroyable sang-froid, après avoir jeté bas son habit, son gilet, d'ôter sa cravate, ses chaussures et jusqu'à ses bretelles.

Tout cela fut exécuté avec une sorte de prestesse calme qui permit à David, pendant qu'il se dépouillait de ses vêtements, de suivre d'un coup-d'œil attentif le courant du fleuve... et de calculer froidement qu'amené par le courant Frédérik ne devait plus se trouver qu'à cinquante pas environ.

David calculait juste. Il vit bientôt, à peu de distance, et vers le milieu du fleuve, flotter pendant un instant la longue chevelure de Frédérik soulevée par les eaux, ainsi que les basques de sa veste de chasse...

Puis tout disparut de nouveau.

Le moment était venu.

David, d'un regard ferme et sûr, mesura la distance, se jeta dans le fleuve et se mit à nager droit vers la rive opposée, réfléchissant avec raison qu'en coupant la rivière par le travers en tenant compte de la dérive, il devait arriver vers le milieu de la Loire peu de temps avant que le courant n'y apportât le corps de Frédérik...

Les prévisions de David ne furent pas trompées : il avait déjà traversé le milieu du fleuve, lorsqu'il aperçut à sa gauche, dérivant entre deux eaux, le corps du fils de madame Bastien, tout à fait privé de mouvement.

Saisissant alors d'une main Frédérik par sa longue chevelure, il se mit à nager de l'autre main et regagna la rive après des efforts inouis, en se demandant avec angoisse s'il ne sauvait qu'un cadavre.

Enfin... il toucha à la grève... Robuste et agile, il prit le jeune homme entre ses bras et le déposa sur le revers gazonné de la jetée... à cent pas environ de l'endroit où il avait laissé ses vêtements...

Alors, agenouillé auprès de Frédérik, David lui posa la main sur le cœur... il ne battait plus... ses extrémités étaient roidies, glacées... ses lèvres bleuâtres, convulsivement serrées, ne laissaient échapper aucun souffle...

David, épouvanté, souleva la paupière demi-close de l'adolescent : elle laissa voir un œil immobile, terne et vitreux...

La pluie continuait de ruisseler à torrents sur ce corps inanimé. David ne put retenir ses sanglots... Sur cette grève solitaire... aucun secours à attendre... et il eût fallu des secours puissants, instantanés... lors même qu'une étincelle de vie aurait encore existé chez Frédérik...

David jetait autour de lui un regard désespéré, lorsqu'à peu de distance il vit s'élever une colonne d'épaisse fumée. Un angle saillant de la jetée lui cachait un bâtiment sans doute habité.

Emporter Frédérik entre ses bras, et, malgré ce fardeau, courir vers l'habitation cachée... c'est ce que fit spontanément David... Lorsque la disposition du terrain le lui permit, il aperçut à peu de distance une de ces briqueteries assez nombreuses sur les bords de la Loire, les briquetiers trouvant réunis dans ces parages l'argile, le sable, l'eau et le bois.

Servi par ses souvenirs de voyages, David se rappela avoir vu les Indiens, habitant les bords des grands lacs, rappeler souvent à la vie leurs compagnons demi-noyés, en ramenant chez eux la chaleur et la circulation du sang au moyen de larges pierres chaudes, sorte d'étuve grossière sur laquelle on plaçait le moribond pendant que l'on frictionnait activement ses membres avec quelques spiritueux.

Les briquetiers s'empressèrent de venir en aide à David; Frédérik, enveloppé d'une couverture épaisse, fut étendu sur un lit de briques légèrement chauffées, et exposé à la pénétrante chaleur qui s'exhalait de la bouche du four; une bouteille d'eau-de-vie, offerte par le maitre briquetier, servit aux frictions. Pendant assez longtemps, David douta du succès des soins... Cependant quelques légers symptômes de sensibilité firent bientôt bondir son cœur d'espérance et de joie.

. . . .

Une heure après avoir été transporté dans la briqueterie, Frédérik, complétement revenu à lui-même, était encore d'une si grande faiblesse, qu'il n'avait pu prononcer une parole, quoique plusieurs fois ses regards se fussent arrêtés sur David, avec une expression d'attendrissement et de reconnaissance ineffable...

Le précepteur et son disciple se trouvaient alors dans la modeste chambre du maître de la briqueterie; celui-ci s'était rendu avec ses ouvriers sur la jetée, afin d'observer le niveau du fleuve, qui depuis bien des années n'avait atteint une élévation pareille; aussi, sans présager jusqu'alors un débordement, l'état de la Loire ne laissait pas d'inspirer de vives inquiétudes, aux riverains, qui craignaient de voir ses eaux continuer de grossir.

David venait de présenter un breuvage chaud et réconfortant à Frédérik, lorsque celui-ci lui dit d'une voix faible et émue :

— Monsieur David... c'est à vous que je devrai le bonheur de revoir ma mère ?...

— Oui... vous la reverrez, mon enfant, — répondit le précepteur, en serrant entre ses mains les mains du fils de madame Bastien ; — mais comment n'avez-vous pas songé que, vous tuer... c'était la tuer... votre mère ?...

— J'y ai songé... trop tard... Alors... je me

sentais perdu... et j'ai crié... *ma mère!...* comme j'aurais crié... au secours.

— Heureusement... ce cri suprême, je l'ai entendu, mon pauvre enfant... Mais, à cette heure que vous voilà calme.... je vous en conjure... dites-moi....

Puis, s'interrompant, David ajouta :

— Non... après ce qui s'est passé, je n'ai pas le droit de vous interroger... j'attendrai un aveu... que je ne désire devoir qu'à votre confiance.

Frédérik sentit la délicatesse de David, car évidemment celui-ci ne voulait pas abuser de l'influence que lui donnait un service rendu, pour forcer les confidences du fils de madame Bastien.

Celui-ci reprit donc, les larmes aux yeux :

—Monsieur David, la vie m'était à charge... je jugeais de l'avenir par le passé... je voulus en finir... Cependant cette nuit, au moment où, pendant le sommeil de ma mère, j'ai été lui dire adieu... mon cœur s'est brisé... j'ai songé à la douleur que je lui causerais en me tuant, et un moment j'ai hésité... mais je me suis dit : — Ma vie coûtera peut-être plus de larmes à ma mère que ma mort, — et je me suis décidé à en finir... Ce matin je lui ai demandé qu'elle me pardonnât les chagrins que je lui avais causés... Je vous ai aussi prié de me pardonner mes torts envers vous, monsieur

David… je ne voulais emporter avec moi l'animadversion de personne… Pour éloigner tout soupçon, j'ai affecté un air calme, certain de trouver, dans la journée, le moyen d'échapper à votre surveillance, ou à celle de ma mère… Votre offre de sortir ce matin… a servi mes projets. Je connaissais le pays… j'ai dirigé notre promenade vers un endroit où je me croyais sûr de vous échapper… et d'échapper à vos secours… car je ne sais comment il vous a été possible de retrouver mes traces, monsieur David.

— Je vous raconterai cela, mon enfant, mais continuez…

— La précipitation, l'ardeur de ma course… le bruit du vent et des eaux, m'avaient comme enivré, et puis, à l'horizon, j'avais vu se dresser devant moi, comme une apparition, le...

Mais Frédérik, dont une légère rougeur avait coloré les joues, n'acheva pas.

David compléta mentalement la phrase et se dit :

— Ce malheureux enfant, à ce moment désespéré, a vu dominant au loin la rive du fleuve... le château de Pont-Brillant...

Frédérik, après un moment de silence, poursuivit :

— Je vous le disais, monsieur David, j'étais

comme enivré... comme fou... car je ne me rappelle pas à quel endroit du fleuve je me suis jeté... le froid de l'eau m'a saisi... je me suis vu mourir, alors j'ai eu peur... Alors la pensée de ma mère m'est revenue, il m'a semblé la voir, comme en rêve... se jeter sur mon corps glacé... je n'ai plus voulu mourir... j'ai crié... *ma mère... ma mère...* en essayant de me sauver, car je sais bien nager; mais le froid m'avait engourdi... je me suis senti couler à fond... En entendant le fleuve gronder au-dessus de ma tête, un effort désespéré m'a un instant ramené à la surface de l'eau... et puis j'ai perdu connaissance pour me retrouver ici, monsieur David... ici, où vous m'avez apporté... secouru comme votre enfant... ici, où ma première pensée a été pour ma mère...

Et Frédérik, fatigué par l'émotion de ce récit, s'accouda sur le lit où on l'avait transporté, et resta silencieux, le front appuyé sur sa main.

IV

L'entretien de David et de Frédérik fut interrompu par le briquetier qui entra dans la chambre d'un air effrayé.

— Monsieur, — dit-il précipitamment à David, — la charrette est attelée... partez vite...

— Qu'avez-vous? — lui demanda David.

— La Loire monte toujours, monsieur... il faut qu'avant deux heures le peu de meubles et d'effets que nous possédons ici soient enlevés...

— Craignez-vous donc un débordement?

— Peut-être, monsieur, car la crue devient effrayante... et si la Loire déborde... demain... l'on n'apercevra plus que les cheminées de ma briqueterie... Aussi, pour plus de prudence, je veux déménager; c'est la charrette qui va vous conduire, qui, à son retour, me servira à enlever mes meubles.

— Allons, mon enfant, — dit David à Frédérik, — du courage... Vous le voyez, nous n'avons pas un moment à perdre...

— Je suis prêt, monsieur David.

— Heureusement, nos vêtements ont pu à peu près sécher, grâce à cet ardent brasier... Appuyez-vous sur moi... mon enfant.

Au moment où le fils de madame Bastien quittait la maison, il dit au briquetier :

— Pardon, monsieur, de ne pouvoir mieux vous remercier de vos bons soins... mais je reviendrai.

— Que le ciel vous entende, mon jeune monsieur, et qu'il fasse qu'à la place de cette maison, vous ne retrouviez pas dans quelques jours un amas de décombres.

David, sans que Frédérik l'aperçût, remit deux pièces d'or au briquetier, en lui disant tout bas :

— Voici pour la charrette.

Quelques instants après, le fils de madame Bastien et David s'éloignaient de la briqueterie, dans la rustique voiture remplie d'une épaisse couche de paille et recouverte d'une toile, car la pluie continuait de tomber à torrents.

Le conducteur de la charrette, enveloppé d'une roulière, assis sur l'un des brancards, activait la marche du cheval de trait qui trottait pesamment.

David avait exigé que Frédérik se couchât

dans la voiture, et appuyât sa tête sur ses genoux ; assis tout à fait à l'arrière, il tenait ainsi l'adolescent à demi embrassé et veillait sur lui avec une sollicitude paternelle.

— Mon enfant, — lui dit-il, en ramenant avec soin sur Frédérik l'épaisse couverture prêtée par le briquetier, — n'avez-vous pas froid ?

— Non, monsieur David...

— Maintenant... convenons de nos faits... Votre mère doit ignorer ce qui s'est passé ce matin... Nous dirons, n'est-ce pas ? que, surpris par une pluie battante, c'est à grand'peine, que nous avons pu nous procurer cette charrette... Le briquetier croit que vous êtes tombé à l'eau par imprudense, en vous avançant trop sur l'un des talus de la jetée... Il m'a promis de ne pas ébruiter cet accident dont les suites pourraient inquiéter votre mère... Ceci bien convenu... n'y pensons plus...

— Que de bonté... que de générosité !.. Vous songez à tout, vous avez raison, il ne faut pas que ma mère sache que vous m'avez sauvé la vie au péril de la vôtre... et, cependant...

— Ce qu'il faut que votre mère sache... mon cher Frédérik, ce qu'il faut qu'elle voie, c'est que j'ai tenu la promesse que, ce matin, je lui ai faite... car le temps presse !

— Quelle promesse ?...

— Je lui ai promis de vous guérir.

— Me guérir!... — et Frédérik baissa la tête avec accablement; — me guérir...

— Et cette guérison... il faut qu'elle soit accomplie ce matin...

— Que dites-vous?...

— Je dis qu'il faut que, dans une heure, à notre arrivée à la ferme... vous soyez redevenu... le Frédérik d'autrefois... la gloire, l'orgueil de votre mère...

— Monsieur David...

— Mon enfant... Les moments sont comptés; écoutez-moi donc. Ce matin, au moment où vous avez disparu, je vous disais : — Je sais la cause de votre mal...

— Vous me disiez cela, en effet, monsieur David.

— Eh bien, cette cause c'est l'Envie !...

— Oh ! mon Dieu ! — murmura Frédérik, écrasé de honte, en cherchant à se dérober à l'étreinte de David.

Mais celui-ci serra plus tendrement encore Frédérik contre son cœur, et reprit vivement :

— Relevez le front... mon enfant, pas de

L'ENVIE.

honte! c'est un excellent sentiment que celui de l'Envie...

— L'Envie? un excellent sentiment! — s'écria Frédérik en se redressant et regardant David avec stupeur, l'Envie... — répéta-t-il en frémissant, — ah !... monsieur... vous ne savez pas... ce qu'elle enfante...

— La haine ? tant mieux...

— Tant mieux?... mais la haine à son tour...

— Enfante la vengeance,... tant mieux encore...

— Monsieur David, — dit le jeune homme

en retombant sur sa couche de paille avec abattement, — vous vous raillez de moi... et pourtant...

— Me railler de vous, pauvre enfant! — s'écria David d'une voix pénétrée, en ramenant Frédérik à lui et le pressant avec amour contre sa poitrine; — me railler de vous! ah! ne dites pas cela... Pour moi, plus que pour personne, la douleur est sainte... Me railler de vous... mais vous ne savez donc pas que ma première impression à votre vue a été remplie de compassion, de tendresse... car j'avais un frère, voyez-vous, Frédérik... un jeune frère de votre âge...

Et les larmes de David coulèrent... Suffoqué

par l'émotion, il fut obligé de garder un moment le silence.

Les pleurs de Frédérik coulèrent aussi; ce fut lui qui, à son tour, se serra contre David en le regardant d'un air navré, comme s'il eût voulu lui demander pardon de faire couler ses larmes.

David le comprit.

— Rassurez-vous, mon enfant, ces larmes-là ont aussi leur douceur. Eh bien, le frère dont je vous parle... ce jeune frère bien-aimé, qui faisait ma joie et mon amour, je l'ai perdu... Voilà pourquoi j'ai ressenti pour vous un si prompt... un si vif intérêt... voilà pourquoi je veux vous rendre à votre mère tel que vous étiez autrefois, parce que c'est vous rendre vous-même au bonheur.

L'accent, la physionomie de David, en prononçant ces mots, étaient d'une douceur si mélancolique, si pénétrante, que Frédérik, de plus en plus ému, reprit timidement:

— Pardon, monsieur David, d'avoir cru que vous vouliez vous railler de moi... mais...

— Mais ce que je vous ai dit, vous a semblé si étrange... n'est-ce pas... que vous n'avez pu croire que je parlais sérieusement?

— Il est vrai...

— Cela doit être, et pourtant... mes paroles sont sincères... je vais vous le prouver.

Frédérik attacha sur David un regard plein d'angoisse et de dévorante curiosité.

— Oui, mon enfant, l'Envie est en soi un sentiment excellent ; seulement vous l'avez jusqu'ici mal appliqué... vous avez *mal envié*... au lieu d'*envier bien*.

— Envier... bien !... L'Envie... un sentiment excellent, — répéta Frédérik, comme s'il n'avait pu en croire ses oreilles. — L'Envie... l'affreuse Envie..., qui ronge... qui dévore... qui tue...

— Mon pauvre enfant... la Loire... a failli

tout à l'heure être votre tombeau... Ce malheur arrivé... votre mère, n'est-ce pas, se fût écriée : — Oh! fleuve maudit... qui dévore... qui tue... Oh! fleuve maudit... qui a englouti mon fils...

— Hélas! monsieur David!

— Et si les craintes d'inondation se réalisent... que de voix désespérées s'écrieront :— Oh! fleuve maudit! nos maisons sont emportées, nos champs submergés... Ces malédictions seront-elles justes?

— Que trop, monsieur David.

— Oui... et pourtant... ce fleuve... si maudit... fertilise ses rives... Il est la richesse des villes qu'il traverse... Des milliers de bateaux chargés de denrées de toutes sortes, sillonnent ses ondes; ce fleuve si maudit accomplit enfin la mission utile, fécondante, que Dieu a donnée à tout ce qu'il a créé... car dire que Dieu a créé les fleuves pour l'inondation et pour le désastre, ce serait un blasphème... Non! non! C'est l'homme dont l'ignorance, l'incurie, l'égoïsme, l'avidité, le dédain de toute fraternelle solidarité... changent en fléaux les dons célestes du Créateur...

Frédérik, frappé des paroles de son précepteur, l'écoutait avec un intérêt croissant.

— Tout à l'heure encore, — reprit David, — sans ce feu dont la chaleur a pénétré vos membres glacés... vous mouriez peut-être... Et

cependant... c'est horrible, les ravages du feu!
Faut-il maudire le feu et le Créateur? Que vous
dirai-je? Faut-il, parce qu'elle a causé d'effroyables sinistres, maudire la vapeur qui va
changer la face du monde? Non! non! *Dieu
crée des forces*, et l'homme, dans son libre arbitre, emploie ces forces au bien ou au mal...
Et comme Dieu est un et indivisible dans sa
toute-puissance, il en est des passions comme
des autres éléments; aucune n'est mauvaise en
soi; *ce sont des leviers...* L'homme s'en sert
bien ou s'en sert mal... à lui son libre arbitre! Ainsi, mon enfant, vos chagrins datent
de votre visite au château de Pont-Brillant,
n'est-ce pas?

— Oui, monsieur David.

— En comparant l'obscurité de votre nom et votre vie modeste, presque pauvre, à la vie splendide, au nom illustre du jeune marquis de Pont-Brillant, vous avez ressenti une envie âpre... profonde?

— Il n'est que trop vrai...

— Jusque-là... ces sentiments étaient excellents...

— Excellents!

— Excellents! vous emportiez du château... des forces vives... puissantes; elles devaient, sagement dirigées, donner au développement de vos facultés le plus généreux essor... Malheureusement, ces forces ont éclaté entre vos mains inexpérimentées... et vous ont blessé... pauvre cher enfant! Ainsi... de retour chez vous, vos simples et pures jouissances ont été détruites par le souvenir incessant des splendeurs du château; puis... dans votre oisive et douloureuse convoitise, vous en êtes venu forcément... à haïr celui qui possédait tout ce que vous enviez? puis... la vengeance...

— Vous savez!! — s'écria Frédérik, éperdu.

— Je sais tout... mon enfant.

— Ah! monsieur David... grâce! — murmura Frédérik, anéanti, — c'est surtout le remords de cette lâche et horrible tentative... qui m'a conduit au suicide...

— Je vous crois, mon enfant... et maintenant cela m'explique le sombre et morne abattement où je vous ai vu plongé depuis ma venue chez votre mère... Vous méditiez... cette funeste résolution?...

— J'y avais songé pour la première fois la veille de votre arrivée.

— Ce suicide était une expiation volontaire. Il en est de plus fécondes, mon cher Frédérik... d'ailleurs, je suis certain que si l'Envie a été le germe de votre haine implacable contre Raoul de Pont-Brillant, la terrible scène de la forêt a été amenée par des circonstances que j'ignore et qui doivent atténuer votre coupable tentative.

Frédérik baissa la tête et ne répondit rien...

— De cela, nous reparlerons plus tard, — dit David. — Maintenant, voyons, mon enfant, qu'enviez-vous le plus au jeune marquis de Pont-Brillant? *ses richesses?* tant mieux! enviez-les ardemment, enviez-les sincèrement, et, dans cette envie énergique, incessante, vous trouverez un levier d'une puissance incalculable; vous renverserez tous les obstacles; à force de travail, d'intelligence, de probité, vous deviendrez riche... pourquoi non? Jacques Laffitte était plus pauvre encore que vous, il a voulu être riche, il est devenu vingt fois millionnaire; sa renommée est sans tache, et toujours il a tendu la main à l'indigence... toujours il a favorisé, doté le travail honnête et courageux...

Combien d'exemples pareils je pourrais encore vous citer !

Frédérik regarda d'abord son précepteur avec une profonde surprise ; puis, la lumière se faisant aux yeux du jeune homme, il porta les deux mains à son front, comme si son esprit eût été ébloui par une clarté subite...

David poursuivit.

— Allons plus loin... Les richesses du marquis ne vous inspirent-elles qu'une envieuse convoitise... au lieu d'un sentiment de haine, de révolte contre une société où ceux-là regorgent de superflu, tandis que ceux-ci meurent faute du nécessaire ? Bien, bien, mon enfant, c'est un admirable sentiment que celui-là ; c'est un sentiment religieux et saint, car il a inspiré aux Pères de l'Église de saintes et vengeresses paroles... Aussi, à la voix de ces grands révolutionnaires, le divin principe de la fraternité, de l'égalité humaine a été proclamé... Oui, — ajouta David avec une tristesse amère, — mais proclamé vainement... Les prêtres, reniant leur origine égalitaire, se sont rendus complices du pouvoir et de la richesse des rois et des grands ; au nom de ceux-ci, ils ont dit aux peuples : vous êtes fatalement voués à la servitude, à la misère et aux larmes sur cette terre... Était-ce assez blasphémer la paternelle bonté du Créateur, assez lâchement déserter la cause des déshérités ? Mais cette cause a, de nos jours, de vaillants défenseurs, et bénis soient les sentiments que vous inspire la richesse, mon enfant, s'ils vous jettent parmi les gens de cœur qui combattent pour la cause impérissable de l'égalité, de la fraternité humaine (1).

— Oh! — s'écria Frédérik les mains jointes, le regard radieux, le cœur palpitant d'un généreux enthousiasme, — je comprends... je comprends...

— Voyons... — poursuivit David avec une animation croissante, — que lui enviez-vous encore, à ce jeune marquis? L'ancienneté de son nom? Enviez... Enviez! Vous aurez mieux qu'un nom ancien : vous ferez votre nom plus illustre... plus retentissant, que celui de Pont-Brillant. Les arts, les lettres, les sciences, la

---

(1) Qu'on nous permette de faire remarquer que nous écrivions ceci au mois de novembre 1847.

guerre! que de carrières ouvertes à votre généreuse ambition! Et vous arriverez. J'ai étudié vos travaux, je sais où atteindront vos facultés, décuplées par la force d'impulsion d'une opiniâtre et vaillante émulation...

— Mon Dieu!... mon Dieu! — s'écria Frédérik avec enthousiasme et les yeux mouillés de douces larmes, — je ne puis dire quel changement s'opère en moi... Au lieu de la nuit... c'est le jour... le jour brillant d'autrefois... et plus radieux encore... Oh! ma mère!... ma mère!...

— Cherchons... encore, — continua David, ne voulant pas laisser le moindre doute à Frédérik, — l'envie que vous inspire cet ancien nom de Pont-Brillant se manifeste-t-elle par une haine violente contre la tradition aristocratique... toujours vivace et renaissante... là féodale... ici bourgeoise?... De cette envie, glorifiez-vous, mon enfant... Jean-Jacques, en protestant contre l'inégalité matérielle des conditions, a été un sublime envieux, et nos pères... en brisant le privilége et la monarchie... nos pères ont été d'héroïques, d'immortels envieux.

— Oh! — s'écria Frédérik, — comme mon cœur bat à vos nobles paroles, monsieur David!... Quelle révélation! ce qui me tuait... je le sens maintenant, c'était une Envie lâche... stérile! l'Envie était pour moi l'inertie, le désespoir... la mort... l'Envie devait être l'action... l'espérance... la vie!! Dans ma rage impuissante, je ne savais que maudire moi, les autres et mon néant... L'Envie devait me donner le désir et la force de sortir de mon obscurité... j'en sortirai!...

— Bien!... bien!... cher et brave enfant, — s'écria David à son tour, en étreignant Frédérik sur sa poitrine, — oh!... j'étais certain, moi, de vous guérir... Tâche facile, avec une généreuse nature comme la vôtre... si longtemps cultivée par la plus admirable des mères... Tendre et excellent cœur — ajouta-t-il, sans pouvoir retenir ses larmes. — Ce matin, au moment de périr, votre dernier cri était *Ma mère! ma mère!...* Vous renaissez à l'espoir, à la vie, et votre premier cri est encore *Ma mère! ma mère!...*

— Je vous dois la vie — murmurait le fils

de madame Bastien, en répondant à l'étreinte de son précepteur — je vous dois la vie du corps et la vie de l'âme, monsieur David...

Frédérik, mon enfant — dit David avec une émotion inexprimable — appelez-moi votre ami. Ce nom, je le mérite... maintenant, n'est-ce pas? et il remplacera pour moi ce nom doux et chéri que je ne dois plus entendre : *Mon frère!*

— Oh! mon ami — s'écria Frédérik avec exaltation, de ce nom — vous me verrez digne.

A cette explosion de sentiments tendres, succéda un moment de silence... pendant lequel David et Frédérique tinrent étroitement embrassés.

Le précepteur reprit le premier la parole.

— Maintenant, mon cher enfant, je dois faire appel à votre franchise, sur une dernière et grave circonstance... il faut être sévère... impitoyable pour soi-même... mais non pas injuste... Dites-moi si...

David ne put achever. Complétement distraits des objets extérieurs, le précepteur et son élève ne s'étaient pas occupés de la route parcourue, et la charrette venait de s'arrêter brusquement à peu de distance de la porte de la ferme.

Marie Bastien, mortellement inquiète de l'absence prolongée de son fils, était depuis longtemps debout sous le porche rustique de sa maison, épiant au loin du regard le retour de Frédérik.

A la vue de la charrette couverte qui s'approchait de la ferme, un pressentiment inexplicable dit à la jeune femme que son fils était là. Alors, partagée entre la crainte et la joie, elle courut à la rencontre de la charrette, la joignit et s'écria :

— Frédérik !... c'est toi ?

C'est alors que David fut interrompu et que la voiture s'arrêta.

D'un bond, le fils de madame Bastien sauta de la charrette, se jeta au cou de la jeune femme, la couvrit de baisers et de larmes, en s'écriant d'une voix entrecoupée par des sanglots de joie :

— Mère... sauvé... Plus de chagrins!... sauvé... mère! sauvé!!...

V

A ces mots répétés avec ivresse par Frédérik : — *Sauve... mère, sauvé...* — Marie Bastien regarda son fils avec un mélange de joie et de stupeur; déjà il était méconnaissable et presque transfiguré... le front haut, le sourire radieux, le regard inspiré; ses beaux traits semblaient illuminés par un rayonnement intérieur; la jeune mère en fut éblouie...

Son fils n'eût pas crié — : *sauvé...* — qu'à son attitude, à sa physionomie et à la sérénité des traits de David, Marie eût deviné qu'il lui ramenait Frédérik régénéré.

Quel moyen, quel prodige avait opéré ce résultat aussi rapide qu'inattendu? Marie ne se le demanda pas... David lui rendait son Frédérik *d'autrefois*, comme elle disait... Aussi, dans un élan de reconnaissance presque religieuse, elle allait se jeter aux pieds de David, lorsque celui-ci la prévint en étendant vivement ses mains vers elle... Marie les saisit... les serra passionnément entre les siennes, et s'écria d'une voix où vibraient pour ainsi dire toutes les pulsations de son cœur maternel...

—Ma vie... ma vie entière... M. David, vous m'avez rendu mon fils !

— Oh! ma mère... oh! mon ami... — s'écria Frédérik.

Et d'une étreinte irrésistible, il serra à la fois contre son cœur Marie et David qui, partageant l'entraînement du jeune homme, se confondirent avec lui dans un même et long embrassement. . . . .

. . . .

Madame Bastien ne fut pas instruite du danger que son fils avait couru le matin; il alla, ainsi que David, quitter ses vêtements humides; puis tous deux revinrent trouver madame Bastien qui, plongée dans une sorte d'extase, se demandait seulement alors par quel miracle David avait si rapidement opéré la guérison de Frédérik.

En se revoyant au bout de bien peu de temps, cependant, la mère et le fils volèrent de nouveau dans les bras l'un de l'autre. Durant cet embrassement ineffable, la jeune femme chercha presque involontairement les regards de David, comme pour l'associer à ses caresses maternelles et lui rendre grâces du bonheur qu'elle goûtait.

Frédérik, jetant les yeux autour de lui, paraissait contempler avec attendrissement tous les objets que renfermait la salle d'étude.

— Mère, dit-il — après un moment de silence, avec un sourire plein de charme, — tu vas me prendre pour un fou... mais il me semble... qu'il y a je ne sais combien de temps... que je ne suis entré ici... tiens, depuis la veille du jour où nous sommes allés au château de Pont-Brillant... Nos livres, nos dessins, notre piano... enfin jusqu'à mon vieux fauteuil de travail... ce sont comme autant d'amis que je retrouve après une longue absence.

— Je te comprends, Frédérik... — dit madame Bastien en souriant. — Nous sommes comme les endormis du conte de la *Belle au bois dormant*... Notre sommeil, un peu moins long que le sien, a duré cinq mois ! De mauvais songes l'ont agité, mais nous nous réveillons aussi heureux que lorsque nous nous sommes endormis. N'est-ce pas ?

— Plus heureux ! mère ! — ajouta Frédérik,

en prenant la main de David. — A notre réveil nous trouvons un ami de plus.

— Tu as raison, mon enfant, — dit la jeune mère en jetant sur David un regard enchanteur ; puis, voyant Frédérik ouvrir la porte vitrée qui donnait sur la futaie, madame Bastien ajouta :

— Que fais-tu ? La pluie a cessé... mais le temps est encore brumeux et sombre.

— Le temps brumeux et sombre ! — s'écria Frédérik, sortant de la maison et regardant la futaie séculaire avec ravissement... — Oh! mère, peux-tu dire que le temps est sombre?... Tiens... je vais continuer à te paraître fou...

mais notre chère et vieille futaie me semble aussi dorée, aussi riante que par le plus gai soleil de printemps.

Le jeune homme paraissait en effet renaître ; ses traits exprimaient une félicité si vraie, si expansive, que sa mère ne se lassait pas de le regarder en silence... Elle le revoyait aussi beau, aussi alerte, aussi joyeux qu'autrefois, quoiqu'il fût amaigri... pâli... et encore sa pâleur se colorait-elle à chaque instant de l'incarnat des plus douces émotions.

David, pour qui chaque parole de Frédérik avait un sens, jouissait délicieusement de cette scène.

Soudain le jeune homme s'arrêta un instant rêveur, devant une touffe d'épines sauvages qui croissait sur la lisière de la futaie ; après quelques moments de réflexion, il chercha des yeux madame Bastien, et lui dit, non plus gaiement, mais avec une douce mélancolie :

— Mère ! en deux mots... je vais te raconter ma guérison... ainsi, — ajouta-t-il en se tournant vers David, — vous verrez que j'ai profité de vos leçons... mon ami.

Pour la première fois, Marie remarqua que son fils appelait David *son ami*. Le contentement qu'elle éprouvait de cette tendre familiarité se lut si visiblement sur ses traits, que Frédérik lui dit :

— Mère! c'est M. David qui m'a demandé de le nommer désormais mon ami. Il a eu raison, il m'eût été difficile de lui dire plus longtemps : *monsieur David ;* maintenant, mère... écoute-moi bien, — reprit Frédérik,—tu vois cette touffe d'épine noire?...

— Oui, mon enfant.

— Rien ne semble plus inutile, plus redoutable que cette épine avec ses dards acérés, n'est-ce pas, mère?

— Sans doute.

— Mais que le bon vieil André, notre jar-

— et pour suivre la comparaison de ce cher enfant, j'ajouterai qu'il en est de même des passions, regardées comme les plus dangereuses et les plus vivaces, parce qu'elles sont le plus profondément implantées dans le cœur de l'homme ; Dieu les a mises là... ne les arrachez pas ; *greffez* seulement ces épineux sauvageons, comme disait Frédérik, et faites ainsi fleurir et fructifier la sève puissante que le Créateur a mise en eux.

— Cela me rappelle, monsieur David, — dit la jeune femme, frappée de ce raisonnement, — qu'à propos du sentiment de la haine... vous m'avez fait, avec raison, remarquer qu'il était des haines nobles, généreuses, héroïques même.

— Eh bien, mère,—dit résolûment Frédérik, — l'Envie peut... comme la haine... devenir féconde, héroïque, sublime...

— L'Envie !... s'écria Marie Bastien.

— Oui, l'Envie... car le mal qui me tuait... c'était l'Envie...

— Toi... envieux... toi ?

— Depuis notre visite au château de Pont-Brillant... la vue de ces merveilles...

—Ah !—s'écria Marie Bastien, soudain éclairée par cette révélation, et frémissant, si cela

se peut dire, d'un effroi rétrospectif. — Ah !
maintenant, je comprends tout, malheureux
enfant !...

— Heureux enfant, mère... car si cette Envie, faute de culture, a été longtemps noire et sauvage comme l'épine dont nous parlions tout à l'heure... notre ami — ajouta Frédérik en se tournant vers David avec un ineffable sourire de tendresse et de reconnaissance, — notre ami a *greffé* cette Envie de vaillante émulation, d'ambition généreuse... et tu en verras les fruits, mère... tu verras comme, à force de courage, de travail, j'illustrerai ton nom et le mien, cet humble nom dont l'obscurité me navrait. Oh ! la gloire ! la renommée !... Ma mère, quel radieux avenir !... Te faire dire avec ivresse, avec orgueil : C'est mon fils pourtant... c'est mon fils !...

— Mon enfant... oh ! mon enfant chéri ! — s'écria Marie avec ravissement, — je comprends maintenant la guérison comme j'ai compris le mal.

Puis s'adressant au précepteur, elle ne pu que dire :

— Monsieur David !... oh ! monsieur David !...

Et des larmes, des sanglots de joie lui coupèrent la parole.

— Oui, remercie-le, mère, — reprit Frédérik, entraîné par l'émotion,—aime-le, chéris-le, bénis-le, car tu ne sais pas, vois-tu? quelle bonté, quelle délicatesse, quelle haute et mâle raison, quel génie il a montrés pour la guérison de ton enfant. Ses paroles sont restées là, ineffaçables, dans mon cœur; elles m'ont rappelé à la vie, à l'espoir, à tous les sentiments élevés que je te devais... Oh ! grâces te soient rendues, ma mère, c'est encore ta main qui a choisi mon sauveur, ce bon génie qui m'a rendu à toi, digne de toi. . . . . . .
. . . .

Il est des bonheurs impossibles à peindre... Telle fut la fin de cette journée pour David, Marie et son fils.

Frédérik était trop pénétré de reconnaissance et d'admiration envers son ami, pour ne pas vouloir faire partager ces sentiments à sa mère; les paroles du précepteur étaient si présentes à sa pensée, qu'il redit à la jeune femme presque mot pour mot leur long entretien.

Bien souvent Frédérik fut sur le point d'avouer à sa mère qu'il devait à David non-seulement la vie de l'âme, mais la vie du corps... Il fut retenu par la promesse faite à son ami, et plus encore par la crainte de causer en ce moment à Marie Bastien une dangereuse émotion.

Quant à Marie, en embrassant d'un coup d'œil toute la conduite de David, depuis la première heure de son dévouement, jusqu'à cette heure de triomphe inespéré... en se rappelant sa mansuétude, sa simplicité, sa délicatesse, sa généreuse persévérance, couronnées d'un succès si éclatant, succès obtenu par le seul ascendant d'un grand cœur et d'un esprit élevé... quant à Marie... ce qu'elle ressentit de ce jour pour David, serait difficile à exprimer : c'était un mélange de tendre affection, d'admiration, de respect et surtout de reconnaissance passionnée, car la jeune femme devait à David, non-seulement la guérison de Frédérik, mais elle comptait aussi sur l'avenir qu'elle entrevoyait glorieux, peut-être illustre, pour son fils, ne doutant pas que ses qualités, habilement dirigées par David, et encore surexcitées par l'ardeur d'une généreuse ambition, n'élevassent un jour Frédérik à une brillante destinée.

De ce moment aussi, dans le cœur de Marie, David devint inséparable de Frédérik... et sans se rendre précisément compte de cette espérance, la jeune femme sentit sa vie et celle de son fils à jamais partagées ou plutôt confondues avec la vie de David.

. . . .

On laisse à penser la délicieuse soirée que passèrent dans le salon d'étude la mère, le fils et le précepteur.

Seulement, comme certaines joies accablent autant que la douleur, et demandent à être, pour ainsi dire, dégustées, savourées avec recueillement, Marie, son fils et David se séparèrent plus tôt que d'habitude, et ce soir-là se dirent *à demain* avec la douce conviction d'une journée ravissante.

dinier, *notre chef des cultures,* — ajouta-t-il en souriant, — approche seulement de l'épiderme de cet arbrisseau... inculte, un tout petit rameau d'un beau poirier... cette sauvage épine se transformera bientôt en un arbre chargé de fleurs, puis de fruits savoureux. Et cependant, mère, ce seront toujours les mêmes racines, pompant la même sève dans le même sol. Seulement, cette sève, cette force, seront utilisées. Comprends-tu ?

— A merveille, mon enfant... Il s'agit, ainsi que tu le dis, de forces bien employées, au lieu de demeurer stériles ou malfaisantes.

— Oui, madame,—reprit David en échangeant un sourire d'intelligence avec Frédérik, fibres de son cœur en rencontrant plusieurs fois les grands yeux bleus de Marie noyés d'une volupté maternelle; il avait encore tressailli en voyant de quelles caresses délirantes elle couvrait son fils; aussi David rêvait-il, malgré lui, aux trésors d'ardente affection que devait contenir cette nature à la fois vierge et passionnée.

— Quel amour que le sien, — se disait-il, — s'il y avait place dans son cœur pour un autre sentiment que celui de la maternité!... Combien elle était belle aujourd'hui... quelle expression enchanteresse!... Oh! je le sens, voilà pour moi l'heure du péril, de la lutte et de la souffrance.

Oui... car les larmes de Marie la consacraient! je me reprochais comme un sacrilége de lever les yeux sur cette jeune mère éplorée, pourtant si belle dans les larmes... Mais la voici radieuse... d'une félicité qu'elle me doit... mais voici que dans sa reconnaissance ingénue, ses yeux attendris me cherchent à chaque instant et se reposent tour à tour sur Frédérik et sur moi. Mais voici que son fils lui dit, et lui dira souvent devant moi : *aime-le... chéris-le... bénis-le...* et le silence expressif, le regard touchant de cette adorable femme peut-être un jour me fera croire que...

David, n'osant poursuivre cette pensée, reprit avec accablement :

— Oh! oui, elle est venue, l'heure de la

résignation, l'heure de la souffrance; avouer mon amour, moins encore... le laisser deviner à Marie... maintenant qu'elle me doit tant? Lui faire croire peut-être que mon dévouement cachait un calcul de séduction? Lui faire croire qu'au lieu de céder spontanément, ainsi que cela a été, à l'intérêt que m'a inspiré ce pauvre enfant, grâce au souvenir d'un frère incessamment pleuré, je me suis fait un manteau, un prétexte de mes regrets pour surprendre la confiance maternelle de cette jeune femme, perdre enfin à ses yeux le seul mérite de mon dévouement... ma loyauté soudaine, irréfléchie... oui, bien irréfléchie... je m'en aperçois maintenant... hélas! me dégrader enfin aux yeux de Marie, jamais... jamais!

Entre elle et moi, *il y aura toujours son fils.*

Pour fuir cet amour... qui, je le sens, va toujours aller croissant, dois-je quitter cette maison?...

Non, je ne le puis encore.

Frédérik, aujourd'hui dans l'ivresse de cette révélation qui a changé son morne désespoir en une volonté pleine de foi et d'ardeur, Frédérik, retiré soudain de l'abîme où il se débattait... éprouve ce vertige du prisonnier rendu tout à coup à la lumière et à la liberté... mais cette guérison n'a-t-elle pas besoin d'être affermie? Ne faudra-t-il pas modérer maintenant la fougue de cette jeune et ardente imagination dans ses élans vers l'avenir?

Et puis, cette première exaltation passée, demain peut-être et par cela même qu'il sera plus relevé dans sa propre estime et qu'il comprendra mieux les généreux efforts qu'il doit puiser dans l'Envie, Frédérik se souviendra sans doute avec plus d'amertume encore de la funeste action qu'il a voulu commettre : sa tentative de meurtre contre Raoul de Pont-Brillant. Une féconde et généreuse expiation pourra donc seule apaiser ce remords qui a en partie poussé Frédérik au suicide...

Non, non, je ne puis encore abandonner cet enfant, je l'aime trop sincèrement... j'ai trop à cœur de compléter mon œuvre.

Il faut rester.

Rester... et chaque jour vivre d'une vie intime, solitaire avec Marie... qui est venue seule ici à cette place, au milieu de la nuit, dans un désordre, dont le souvenir me brûle, m'enivre... et me poursuit jusque dans le sommeil où je cherche en vain l'oubli et le repos.

. . . .

A ce dangereux sommeil, David se livra pourtant, car les émotions et les fatigues de la journée avaient été grandes.

Le jour commençait à poindre.

David, réveillé en sursaut par plusieurs coups

frappés violemment à sa porte, entendit la voix de Frédérik qui lui disait avec épouvante :

— Mon ami... ouvrez... ouvrez, de grâce !...

VI

David, s'étant à la hâte couvert de ses vêments, ouvrit sa porte.

Il vit Frédérik, pâle... la figure bouleversée.

— Mon enfant... qu'y a-t-il ?

David regagna sa petite chambre.

Lui aussi avait besoin d'être seul.

Ces mots prononcés par Frédérik dans l'entraînement de la reconnaissance en parlant de son précepteur à sa mère :

— *Aime-le... chéris-le... bénis-le...*

Ces mots auxquels Marie Bastien avait répondu, en jetant sur David un regard d'une reconnaissance inexprimable, ces mots faisaient la joie et la douleur de David.

Il avait senti tressaillir jusqu'aux dernières

— Ah ! mon ami... quel malheur !

— Un malheur ?

— La Loire...

— Eh bien ?...

— L'inondation... dont on parlait hier chez le briquetier...

— Un débordement... C'est affreux... que de désastres, mon Dieu ! que de désastres !

— Venez... venez, mon ami... de la lisière

de la futaie... on ne voit déjà plus le Val... c'est un lac sans fin !

David et Frédérik descendirent précipitamment ; ils trouvèrent dans la salle d'étude madame Bastien qui s'était aussi levée en hâte.

Marguerite et le jardinier poussaient des gémissements d'effroi.

— L'eau va nous gagner...

— La maison va être emportée, — criaient-ils.

—Et les métairies du Val !... — disait madame Bastien, les yeux pleins de larmes. — Ces maisons toutes isolées... sont à cette heure peut-être submergées... et les malheureux qui les habitent, surpris la nuit par l'inondation, n'auront pas pu fuir...

— Alors, madame, — dit David, — c'est surtout des gens du Val qu'il faut s'occuper sans retard ! Ici, il n'y a aucun danger.

— Mais l'eau est déjà à un quart de lieue... Monsieur David! — s'écria Marguerite.

— Et elle monte toujours... — ajouta André.

— Rassurez-vous, madame, — reprit David. — J'ai, depuis mon séjour ici, assez parcouru et observé le pays, pour être certain que le débordement... n'atteindra jamais cette maison... son niveau est trop élevé. Soyez sans inquiétude...

— Mais les métairies du Val! — s'écria Frédérik.

— L'inondation a dû gagner la maison de Jean-François, le métayer : un bon et excellent homme... — s'écria Marie. — Sa femme, ses enfants... sont perdus...

— Cette métairie... où est-elle, madame? — demanda David.

— A une demi-lieue d'ici... dans la basse

plaine.... On la voit de la lisière de la futaie qui domine au loin le pays! Hélas!... du moins on doit la voir... si l'inondation ne l'a pas déjà entraînée.

— Venez, madame... venez, — dit David ; — courons nous assurer de ce qui est.

En un instant, Frédérik, sa mère, David, suivis du jardinier et de Marguerite, arrivèrent à la lisière de la futaie, beaucoup plus élevée que le Val.

Quel spectacle !...

A un quart de lieue de là, et aussi loin que

la vue pouvait s'étendre, au nord et à l'est, on n'apercevait qu'une immense nappe d'eau jaunâtre, limoneuse, coupée à l'horizon par un ciel chargé de nuages sombres, rapidement poussés par un vent glacial. A l'ouest, le rideau de la forêt de Pont-Brillant était à demi submergé, tandis que la cime de quelques peupliers de la plaine pointait çà et là au milieu de cette mer immobile... et sans bornes.

Cette dévastation, lente, silencieuse comme la tombe, était plus effrayante encore que les étincelants ravages de l'incendie.

Un moment les spectateurs de ce grand désastre restèrent frappés de stupeur.

David, sortant le premier de cet abattement stérile, dit à madame Bastien :

— Madame... je reviens à l'instant.

Quelques minutes après, il accourait, portant une excellente longue-vue dont il s'était mainte fois servi dans ses voyages.

— La brume des eaux empêche de bien distinguer au loin, madame, — dit David à Marie. — Dans quelle direction se trouve la métairie dont vous parliez tout à l'heure ?

— Dans la direction de ces peupliers, là-bas... à gauche, monsieur David.

Le précepteur dirigea sa longue-vue vers le point désigné, resta quelques moments attentif, puis il s'écria :

— Ah ! les malheureux !

— Ciel !... ils sont perdus ! — dit vivement Marie.

— L'eau a déjà envahi jusqu'à la moitié de la couverture de leur maison, — reprit David, — ils sont sur le toit, cramponnés à la cheminée ; je vois un homme, une femme, trois enfants.

— Mon Dieu ! — s'écria Marie, les mains

jointes et tombant à genoux, les yeux levés vers le ciel... — mon Dieu! secourez-les, prenez-les en pitié!

— Et aucun moyen de les sauver! s'écria Frédérik, — ne pouvoir que gémir sur un pareil malheur!

— Pauvre Jean-François... un si brave homme! — dit André.

— Voir mourir avec lui ses trois petits enfants! — ajouta Marguerite en sanglotant.

David, calme, silencieux et grave, comme il avait l'habitude de l'être à l'heure du péril, frappait convulsivement sa longue-vue dans la paume de sa main et semblait réfléchir ; tous les yeux étaient fixés sur lui. Soudain son front s'éclaircit, et, avec cette autorité d'accent, cette rapidité de décision qui distinguent l'homme fait pour commander, David dit à Marie :

— Madame, permettez-moi de donner des ordres ici... les moments sont précieux.

— On vous obéira comme à moi, monsieur David.

— André, — reprit le précepteur, — vite le cheval à la charrette!

— Oui, monsieur David.

— Sur l'étang qui n'est pas éloigné de la maison, j'ai vu un batelet. Y est-il encore?

— Oui, monsieur David.

— Il est assez léger pour tenir sur la charrette.

— Certainement, monsieur David.

— Moi et Frédérik nous vous aiderons à l'y placer... Courez atteler, nous vous rejoignons.

André se rendit en hâte à l'écurie.

— Maintenant, madame, — dit David à Marie, — veuillez faire apporter tout de suite quelques bouteilles de vin et deux ou trois couvertures, nous les emporterons dans le bateau... car ces malheureux, si nous les sauvons, seront mourants de froid et de besoin. Faites aussi préparer des lits et un grand feu, afin qu'à leur arrivée ici ils puissent recevoir tous les soins possibles. Maintenant, Frédérik... allons aider André... et rendons-nous vite à l'étang.

Pendant que David disparaissait en courant avec Frédérik, madame Bastien et Marguerite s'empressèrent d'exécuter les ordres de David.

Le cheval, promptement attelé à la charrette, conduisit aussitôt Frédérik et David à l'étang.

— Mon ami, — dit le jeune homme à son précepteur et les yeux brillants d'impatience et d'ardeur, — ces malheureux, nous les sauverons ! n'est-ce pas ?

— Je l'espère, mon enfant... mais le danger sera grand... Une fois les eaux mortes traversées... nous entrerons dans le courant du débordement, et il doit être rapide comme un torrent.

— Et qu'importe le danger, mon ami !

— Il faut le connaître pour en triompher,

mon cher enfant... Maintenant... dites, — ajouta David avec émotion, — croyez-vous qu'en exposant ainsi généreusement votre vie, vous n'expierez pas plus dignement la funeste action que vous avez voulu commettre... qu'en cherchant dans le suicide une mort stérile?...

Une étreinte passionnée de Frédérik fit voir à David qu'il était compris.

La charrette, à ce moment, traversait une route pour se rendre à l'étang.

Un gendarme, poussant son cheval au grand galop, arrivait à toute bride.

— L'inondation monte-t-elle encore? — cria David au soldat, en lui faisant signe de la main d'arrêter.

— L'eau monte toujours, monsieur, — répondit le gendarme haletant; — les jetées viennent d'être rompues... il y a trente pieds d'eau dans le Val... la route de Pont-Brillant est coupée... le seul bateau que l'on avait pour le sauvetage vient de sombrer avec ceux qui le montaient. Tous ont péri, je cours au château requérir du monde et les barques des pièces d'eau.

Et le soldat repartit en enfonçant ses éperons dans le ventre de son cheval couvert d'écume.

— Oh!... — s'écria Frédérik avec enthousiasme, — nous arriverons avant les *gens du château*, nous!...

— Vous le voyez, mon enfant, l'Envie a du bon, — dit David, qui pénétrait la secrète pensée de Frédérik.

La charrette arriva bientôt à l'étang. André, Frédérik et David chargèrent facilement le léger batelet sur la voiture; tout en s'occupant de cette manœuvre, David, avec cette prévoyance réfléchie qui ne l'abandonnait jamais, visita soigneusement les rames de l'embarcation, ainsi que ses tollets (morceaux de bois plantés dans le plat-bord pour servir de point d'appui aux avirons).

— André, — dit-il au jardinier, — avez-vous un couteau?

— Oui, monsieur David.

— Donnez-le-moi; maintenant, vous, Frédérik, retournez à la maison avec André; hâtez le plus possible la marche du cheval, car à chaque minute l'eau monte... et peut engloutir ces malheureux qui sont là-bas.

— Mais vous, mon ami?

— Je vois ici de jeunes tiges de chêne; je vais en couper pour remplacer les tollets du bateau, ils sont vieux, le bois vert est plus pliant et plus fort... Allez, allez, je vous rejoindrai en courant.

La charrette s'éloigna; le vieux cheval, vigoureusement fouetté, et *sentant*, comme on dit, *la maison*, prit le trot. David choisit le bois qu'il lui fallait, rejoignit bientôt la voiture, qu'il suivit à la hâte et à pied, ainsi que Frédérik, afin de ne pas charger le cheval. En marchant, le précepteur donnait aux tollets la forme convenable; Frédérik le regardait avec surprise.

— Vous pensez à tout, lui dit-il.

— Mon cher enfant, lors de mon voyage aux grands lacs de l'Amérique, j'ai été malheureusement témoin d'inondations terribles; j'ai aidé les Indiens dans plusieurs sauvetages, et j'ai appris, là, que de petites précautions épargnent souvent de grands périls... Ainsi je prépare un triple rechange de tollets;... car il est probable que nous en casserons; et, comme dit le proverbe marin : *A tollet cassé... aviron mort...*

— Il est vrai qu'alors l'aviron, manquant d'un point d'appui solide, devient presque inutile.

— Et que devenir au milieu d'un gouffre, avec une seule rame? on est perdu...

— C'est juste, mon ami...

— Il faut donc nous préparer à ramer vigoureusement, puis nous rencontrerons des arbres à fleur d'eau, des berges de chemins, ou d'autres obstacles qui pourront donner de violentes secousses à nos rames, et peut-être les briser. N'en avez-vous pas de rechange ?

— Il y en a encore une à la maison...

— Nous l'emporterons, car, faute d'un aviron le sauvetage de ces malheureux peut devenir impossible, et notre perte certaine... Vous ramez bien... n'est-ce pas ?

— Oui, mon ami, un de mes grands plaisirs était de promener ma mère sur l'étang.

— Vous serez donc aux avirons; moi, je sonderai à l'avant, et je dirigerai le bateau au moyen d'une gaffe. Je vous fais ici, mon enfant, une recommandation essentielle que je n'aurai pas le temps de vous adresser une fois à l'œuvre : ne laissez pas traîner vos avirons. Après chaque coup de rame, relevez-les horizontalement... ils pourraient s'engager ou se briser sur l'un de ces obstacles à fleur d'eau qui rendent si dangereuse la navigation sur les terrains submergés.

— Je n'oublierai rien, mon ami, soyez tranquille, — répondit Frédérik, à qui l'expérience et le sang-froid de David donnaient une confiance sans bornes.

Au moment où la charrette allait atteindre

la maison, David et Frédérik rencontrèrent un grand nombre de paysans éplorés, poussant devant eux des bestiaux et accompagnant des voitures où l'on voyait entassés pêle-mêle des meubles, des ustensiles de ménage, des matelas, des vêtements, des barils, des sacs de grains, enlevés à la hâte aux flots envahissants de l'inondation.

Des femmes portaient des enfants à la mamelle, d'autres avaient sur leur dos des petits garçons ou des petites filles, pendant que les hommes tâchaient de guider le bétail effaré.

— Est-ce que l'eau monte toujours, mes pauvres gens ? — leur demanda David sans s'arrêter et marchant à côté d'eux.

— Hélas ! monsieur, la crue augmente encore ; le pont de Blemur vient d'être emporté, — dit l'un.

— Il y avait déjà quatre pieds d'eau dans le village quand nous l'avons quitté, — reprit l'autre.

— Les grands trains de bois du bassin de Saint-Pierre, — reprit un troisième, — viennent d'être entraînés dans le courant du Val.

— Ils descendent comme la foudre, ils ont fait chavirer, en les heurtant, deux grosses barques de Loire montées par des mariniers qui venaient apporter du secours.

— Tous ces braves gens ont été noyés, — ajouta un témoin de ce sinistre, — car la Loire dans ses plus hautes eaux n'est pas moitié moins rapide que le courant de l'inondation.

— Et ces malheureux là-bas!... — dit Frédérik à David en frémissant d'impatience. — Arriverons-nous à temps, mon Dieu!!! Oh! si les gens du château nous devançaient...

La charrette touchait alors à la ferme; pendant que l'on mettait dans le batelet les provisions et les couvertures, David demanda une serpe à André et alla choisir une longue tige de frêne de dix pieds environ, légère, souple et maniable; un crochet de fer servant à soutenir la poulie d'un puits, fut solidement fixée à l'une des entremises de cette gaffe improvisée, qui devait ainsi servir soit à haler le bateau le long des obstacles apparents, soit à le maintenir le long du toit des maisons submergées ; la longue corde du puits fut aussi placée dans le batelet, ainsi que deux ou trois planches légères, solidement liées ensemble et pouvant servir de bouée de sauvetage en un cas désespéré.

David s'occupait de ces détails avec une activité réfléchie, une fécondité d'expédients qui surprenait madame Bastien, non moins que son fils. Lorsque tout fut prêt, David jeta un attentif et dernier regard sur chaque objet, et dit à André :

— Allez le plus vite possible jusqu'à la rive

de l'inondation; Frédérik et moi, nous vous rejoindrons; vous nous aiderez à décharger le batelet et à le mettre à flot.

La charrette, longeant alors la lisière de la futaie où restèrent David, Frédérik et sa mère, se dirigea vers la plaine submergée que l'on voyait au loin. La pente étant assez inclinée, le cheval se mit au trot.

— Pendant que la charrette s'éloignait, David prit la longue-vue qu'il avait laissée sur un des bancs rustiques de la futaie, et chercha la métairie. L'eau arrivait à deux pieds de la crête du toit sur lequel toute la famille du métayer était réfugiée.

David posa sa longue-vue sur le banc, et, d'une voix ferme, dit à Frédérik :

— Mon enfant, embrassez votre mère... et partons... le temps presse.

Marie frissonna de tout son corps, et devint d'une pâleur mortelle.

Pendant une seconde, il y eut dans l'âme de la jeune femme une lutte terrible entre la voix du devoir, qui lui disait de laisser Frédérik accomplir une action généreuse au risque de sa vie, et la voix du sang qui lui disait d'empêcher son fils de braver un péril de mort; cette lutte fut si poignante, que Frédérik, qui n'avait pas cessé de regarder sa mère, la vit faiblir... épouvantée de la pensée de perdre son fils, alors qu'elle le retrouvait si digne d'elle.

Aussi Marie, enlaçant Frédérik entre ses bras, pour s'opposer à son départ, s'écria d'une voix déchirante :

— Non... non... je ne veux pas...

— Ma mère, — lui dit Frédérik à voix basse, — *j'ai voulu tuer...* et il y a là... des gens que je peux arracher à la mort.

Marie fut héroïque.

— Allons... mon enfant... viens, — lui dit-elle.

Et elle fit un pas en avant comme pour aller aussi rejoindre le bateau.

— Madame! — s'écria David, devinant sa résolution, — c'est impossible.

— Monsieur David, je n'abandonnerai pas mon fils !

— Ma mère!

— Où tu iras... j'irai...

— Madame, — reprit David, — le batelet peut contenir au plus cinq personnes... Il y a un homme, une femme et trois enfants à sauver: nous accompagner dans le bateau... c'est nous forcer de laisser là-bas, voués à une mort certaine... le père, la mère ou les enfants !

A ces paroles sans réplique, madame Bastien dit à son fils :

— Vâ donc seul, mon enfant...

Et la mère et le fils confondirent leurs larmes et leurs baisers dans une dernière étreinte.

Frédérik, en sortant des bras de sa mère, vit David qui, malgré la fermeté de son caractère, essuyait ses pleurs.

— Mère, — dit Frédérik en montrant son ami du regard, — et lui ?

— Sauvez son corps comme vous avez sauvé son âme, — s'écria la jeune femme, en serrant convulsivement David contre son sein palpitant. — Ramenez-le-moi... ou je mourrai.

David fut digne du chaste et saint embrassement de cette jeune mère qui voyait son fils aller braver la mort...

Ce fut une sœur éplorée que David pressa contre son cœur.

Puis, prenant Frédérik par la main, il s'élança dans la direction de la charrette; tous deux jetèrent un dernier regard sur madame Bastien dont les forces étaient à bout, et qui retomba, brisée, sur l'un des bancs rustiques de la futaie.

Cet accès de faiblesse passé, Marie se releva et suivit des yeux son fils et David aussi longtemps qu'elle put les apercevoir.

VII

En un quart d'heure, la charrette eut débarqué le batelet, bientôt mis à flot sur la rive des eaux mortes de l'inondation.

— André, restez là avec la charrette, — dit le précepteur, — car les malheureux que nous allons tâcher de sauver seront exténués et hors d'état de gagner la maison de madame Bastien.

— Bien, monsieur David, — dit le vieillard, et il ajouta avec émotion : — Bon courage, mon pauvre monsieur Frédérik.

— Mon enfant, — dit David au moment où le batelet allait quitter la rive, — pour être prêt à tout événement, faites comme moi, ôtez vos chaussures, votre cravate et votre habit, jetez-le seulement sur vos épaules, afin de vous garantir du froid... Quoi qu'il m'arrive, ne vous occupez pas de moi, je suis très-bon nageur ; en voulant me sauver, vous nous perdriez tous les deux. Maintenant, mon enfant, à vos avirons, et ramez ferme, mais sans trop de hâte; ménagez vos forces; je veillerai à l'avant et je sonderai. Allons, du calme, de la présence d'esprit, tout ira bien.

Le batelet s'éloigna de la rive.

Le courage, l'énergie, la conscience de la généreuse expiation qu'il allait tenter, suppléèrent chez Frédérik, aux forces qu'il avait perdues pendant sa longue maladie morale.

Ses beaux traits animés par l'enthousiasme, les yeux attachés sur David, épiant ses moindres ordres, le fils de madame Bastien ramait avec vigueur et précision. A chaque coup de *nage*, comme disent les marins, le batelet s'avançait rapidement et sans secousse.

David, debout à l'avant, redressant sa grande taille de toute sa hauteur, la tête nue, ses cheveux noirs flottant au vent, le regard tantôt attaché sur la métairie presque submergée, tantôt sur les objets qui pouvaient être un obstacle à leur navigation... David, froid, prudent, attentif, montrait une intrépidité tranquille... Pendant quelques moments, la marche du bateau, facilitée par son fond plat, ne fut pas entravée ; mais soudain, le précepteur s'écria :

— Haut les avirons !

Frédérik exécuta cet ordre, et, après quelques secondes, le batelet s'arrêta, faute d'impulsion.

David, penché à l'avant de l'embarcation, sonda au moyen de sa gaffe l'eau que, de loin, il avait vue légèrement bouillonner à sa surface, ainsi que cela arrive lorsqu'elle se brise contre quelque obstacle sous-marin.

En effet, David reconnut que le batelet se trouvait presque au-dessus d'un massif d'énormes saules ébranchés, sur la tête desquels l'embarcation aurait pu s'entr'ouvrir si elle eût vogué à toute vitesse; appuyant alors sa gaffe à l'un des troncs qu'il rencontra sous l'eau, David détourna le bateau de ce dangereux écueil.

— Maintenant, mon enfant, ramez devant vous, en obliquant un peu à gauche, — reprit-il, — afin de gagner ces trois grands peupliers à demi submergés que vous voyez là-bas. Une fois arrivés là, nous entrerons en plein dans le courant de l'inondation qui déjà se fait sentir ici, quoique nous soyons encore dans les eaux mortes.

Au bout de quelques minutes, David dit à Frédérik :

— Haut les avirons !

Et ce disant, le précepteur engagea le crochet de fer dont sa perche était armée, entre les branches de l'un des peupliers vers lesquels Frédérik s'était dirigé; ces arbres, de trente pieds de hauteur, étaient aux trois quarts submergés; maintenu par la gaffe, le batelet resta dès lors immobile.

— Comment... nous nous arrêtons, monsieur David? — s'écria Frédérik.

— Il faut vous reposer un instant, mon cher enfant, et boire quelques gorgées de ce vin.

Puis David, avec un sang-froid singulier, déboucha une bouteille qu'il offrit à son élève.

— Nous reposer! — s'écria Frédérik, — et ces malheureux... qui là-bas... nous attendent!

— Mon enfant... vous êtes haletant, votre front est inondé de sueur, vos forces diminuent, je m'en suis aperçu à l'allure saccadée de vos rames. Nous arriverons encore à temps, l'eau ne monte plus... je l'ai observé à plusieurs remarques certaines; nous allons avoir besoin de toute notre énergie, de toutes nos forces; or, de ces cinq minutes de repos prises à temps, peut dépendre le salut de ces pauvres gens et le nôtre... allons, buvez quelques gorgées de vin.

Frédérik suivit le conseil et s'en trouva bien; car déjà, sans avoir osé l'avouer à David, il ressentait dans les articulations des bras cet engourdissement, cette roideur qui succèdent toujours à trop de fatigue et de tension musculaire.

Pendant ce temps d'arrêt forcé, le précepteur et son élève contemplèrent avec une silencieuse horreur le spectacle qui les environnait.

Du point où ils étaient, ils embrassaient une immense étendue d'eau, non plus morte, ainsi que celle qu'ils venaient de traverser, mais rapide, écumante, fougueuse comme le cours d'un torrent.

De cette nappe d'eau incommensurable, s'élevait un tel mugissement, que, d'un bout à l'autre du batelet, Frédérik et David étaient obligés de se parler à haute voix pour s'entendre.

Au loin une ligne d'eau d'un gris sombre dessinait seule l'horizon.

A six cents pas du batelet, on apercevait la métairie.

Le toit disparaissait presque complétement sous les eaux alors stationnaires, et l'on distinguait vaguement des formes humaines groupées autour de la cheminée.

A chaque instant passaient, à peu de distance de l'embarcation de Frédérik, défendue d'ailleurs de tout choc par les trois peupliers qui lui servaient d'estacade naturelle, grâce à la prévoyance de David, à chaque instant passaient des débris de toute sorte, emportés par le courant que le batelet devait traverser dans quelques instants.

Là, c'étaient des poutres, des fragments de charpente provenant de bâtiments écroulés; ici, d'énormes meules de foin ou de paille, soulevées par leur base compacte et entraînées tout entières par les eaux, voguaient comme autant de montagnes flottantes, submergeant tout ce qu'elles rencontraient; ailleurs, des arbres gigantesques, déracinés, passaient rapides comme le brin de paille sur le ruisseau; c'étaient encore des portes descellées de leurs gonds, des meubles, des matelas, des futailles, et, parfois, au milieu de ces débris l'on apercevait des bestiaux, les uns noyés, les autres se débattant au-dessus de l'abîme et y disparaissant bientôt, tandis que, par un contraste étrange, des canards domestiques voguant sur ce gouffre avec tranquillité... suivaient par instinct les autres animaux.

Ailleurs, de pesantes charrettes tournoyaient au-dessus du gouffre, et parfois sombraient sous le choc irrésistible d'immenses trains de bois, longs de cent pieds, larges de vingt, et s'en allant à la dérive.

C'est au milieu de ces écueils flottants, charriés par un courant irrésistible, que David et

Frédérik devaient naviguer pour atteindre la métairie.

Alors seulement le péril du sauvetage allait devenir imminent.

Frédérik le sentit; car, après avoir, ainsi que David, jeté un regard de désolation sur cette scène terrible, le jeune homme dit d'une voix ferme et grave :

— Vous aviez raison, mon ami... nous aurons tout à l'heure besoin de toutes nos forces... de toute notre énergie... Ce repos était nécessaire... mais c'est quelque chose d'effrayant qu'un pareil repos, avec un tel spectacle sous les yeux.

— Oui, mon enfant, il faut du courage pour se reposer ainsi... la bravoure aveugle ne voit pas ou cherche à ne pas voir le danger... la bravoure réfléchie envisage froidement le péril. Aussi, presque toujours elle en triomphe... Sans le repos que nous prenions... nos forces nous auraient certainement trahis, au milieu du gouffre... que nous allons traverser, et nous étions perdus.

En parlant ainsi, David visitait avec un soin minutieux l'armature de la barque, et renouvelait l'un des tollets fendu sous la pression des avirons de Frédérik; pour plus de sûreté, David, au moyen de deux nœuds de corde assez lâches, fixa les rames au plat-bord, un peu au-dessous de leur poignée ; elles conservaient ainsi la liberté de leur jeu, sans pouvoir échapper aux mains de Frédérik dans l'occurrence d'un choc violent.

Le repos de cinq minutes touchait à sa fin lorsque Frédérik, poussant une exclamation de surprise involontaire, devint très-pâle et ne put cacher la contraction de ses traits.

David releva la tête, suivit la direction du regard de son élève, et voici ce qu'il aperçut :

Nous l'avons dit : l'inondation, sans bornes au nord et à l'est, était limitée, à l'ouest, par la lisière de la forêt de Pont-Brillant dont les plus grands arbres disparaissaient à demi sous les eaux.

L'un des massifs de cette futaie s'avançant de beaucoup dans le Val inondé, formait ainsi une espèce de promontoire au-dessus de la nappe d'eau.

Depuis quelques instants, Frédérik avait vu sortir de derrière cette *avancée,* en ramant contre le courant, une longue pirogue, peinte de couleur chamois et rehaussée d'une large *lisse* cramoisie.

Sur les bancs, six rameurs, portant des vestes chamois et des toques cramoisies, nageaient vigoureusement; le patron, assis à l'arrière, d'où il gouvernait la pirogue, semblait prendre les ordres d'un jeune homme, qui, debout sur l'un des bancs, et une main dans la poche de son makintosh de couleur blanchâtre, désignait du doigt un point qui ne pouvait être que la métairie submergée : car, dans cette partie du Val, l'on n'apercevait pas d'autres bâtiments.

Le batelet de David était assez éloigné de la pirogue, pour que l'on ne pût distinguer les traits du personnage qui semblait diriger la manœuvre. Mais, à l'expression des traits de Frédérik, David ne douta pas que le maître de la barque ne fût Raoul de Pont-Brillant.

La présence du marquis sur le lieu du désastre s'expliquait par le message que le gendarme rencontré par David avait porté en hâte au château, afin de requérir du secours et les barques des pièces d'eau.

A la vue de Raoul de Pont-Brillant, dont la présence faisait si vivement tressaillir Frédérik, David ressentit autant de surprise que de contentement; la rencontre du jeune marquis semblait providentielle; aussi, attachant un regard pénétrant sur son élève, David lui dit:

— Mon enfant, vous avez reconnu M. de Pont-Brillant?...

— Oui... mon ami...

Répondit le jeune homme, et il continua de suivre d'un œil ardent et inquiet la manœuvre de la yole, qui, évidemment, voulait aussi atteindre la métairie submergée, dont elle se trouvait alors plus éloignée que le batelet; mais les six avirons de l'embarcation patricienne devaient doubler la vitesse de sa marche.

— Allons, Frédérik, — dit David d'une voix ferme, — M. de Pont-Brillant se dirige comme nous vers la métairie, pour aller au secours de ces malheureux. Cela est vaillant et généreux de sa part. C'est à cette heure qu'il est beau d'envier... de jalouser le jeune marquis!

— Oh!... j'arriverai avant lui! — s'écria Frédérik avec une exaltation indicible.

— A vos avirons! mon enfant... Une dernière pensée à votre mère... et en avant!... l'heure est venue...

Ce disant, David dégagea le crochet de la gaffe jusqu'alors engagé dans les branches des peupliers...

Le batelet, mis en mouvement par la vigoureuse impulsion des avirons, arriva en quelques instants au milieu du courant qu'il fallait traverser pour gagner la métairie.

VIII

Alors commença une lutte terrible, opiniâtre, contre des dangers de toute nature.

Pendant que Frédérik ramait avec une énergie incroyablement surexcitée par la vue de la pirogue du marquis, sur laquelle il jetait de temps à autre un regard de généreuse émulation, David, placé à l'avant du batelet, le préservait des chocs, avec une adresse, une présence d'esprit merveilleuses.

Déjà il était assez rapproché de la métairie pour apercevoir très-distinctement les malheureux rassemblés sur le faîte du toit, lorsqu'une énorme meule de paille, charriée par les eaux, s'avança droit sur le batelet, qui lui offrait le travers en coupant le courant.

— Doublez vos coups de rame, Frédérik, — s'écria David. — Courage !... évitons la meule.

Le fils de madame Bastien obéit.

Déjà la proue du batelet dépassait la meule,

qui n'était plus qu'à dix pas de distance, lorsque le jeune homme, roidissant ses bras en se renversant violemment en arrière, afin de donner plus de puissance à sa nage, fit, par un mouvement trop brusque, éclater son aviron de droite; aussitôt l'aviron de gauche formant levier, le bateau vira, et, au lieu de son travers, offrit son avant à la meule qui devait l'engloutir sous sa masse.

David, surpris par la secousse, perdit un instant l'équilibre, mais il eut le temps de crier :

— Ramez ferme de l'aviron qui vous reste.

Frédérik obéit plus par instinct que par réflexion. Le batelet vira de nouveau, offrit son travers, et, à demi soulevée par le remous de la masse sphéroïde qui déjà atteignait sa poupe, l'embarcation, pivotant sur son unique aviron, décrivit ainsi un mouvement demi-circulaire autour de l'écueil flottant, et put le contourner en partie et ne recevoir qu'un léger choc.

Pendant que ceci se passait avec la rapidité de la pensée, David, saisissant au fond du batelet l'aviron de rechange, l'avait de nouveau fixé au tollet, en disant à Frédérik, encore ému de l'effrayant danger auquel il venait d'échapper :

— Prenez ce nouvel aviron et en avant... la pirogue nous gagne...

Frédérik saisit ses rames en jetant un coup d'œil étincelant sur l'embarcation du marquis.

Elle se dirigeait droit vers la métairie, debout au courant, tandis que le batelet le coupait par le travers...

Ainsi, en leur supposant une égale vitesse, les deux embarcations, dont la direction présumée formait un angle droit, devaient se rencontrer ensemble à la métairie.

Mais, nous l'avons dit, la pirogue, quoiqu'elle remontât le courant, étant manœuvrée par six vigoureux rameurs, avait pris assez d'avance, grâce à l'accident dont le batelet avait failli être victime.

Frédérik, voyant le marquis le devancer, atteignit à ce point d'exaltation qui, pendant un temps donné, élève les forces humaines à une puissance irrésistible, et lui permet d'accomplir des prodiges.

On eût dit que le fils de Marie Bastien communiquait sa fiévreuse ardeur aux objets inanimés, et que l'embarcation, allégée, frémissait d'impatience dans sa membrure ; tandis que les rames semblaient recevoir non-seulement le mouvement, mais la vie, tant elles obéissaient avec précision, avec ensemble, on dirait presque avec intelligence, à l'impulsion de Frédérik...

David lui-même, surpris de cette incroyable énergie, continuait de veiller à l'avant du batelet, tout en jetant un regard radieux sur son élève dont il devinait l'émulation héroïque.

Soudain Frédérik fit entendre une exclamation de joie profonde...

Le batelet n'était plus qu'à vingt-cinq pas de la métairie, tandis que la yole s'en trouvait encore éloignée de cent pas environ.

Soudain de longs cris de détresse, accompagnés d'un craquement formidable, surmontèrent le mugissement des eaux.

Un des pignons de la métairie, miné par la force du courant, s'écroulait avec fracas, et une partie de la toiture s'affaissait en même temps.

Alors, la famille, groupée autour de la cheminée, n'eut plus sous les pieds que quelques fragments de charpente dont les lentes oscillations annonçaient la chute imminente...

Quelques minutes encore, et le pignon où était bâtie la cheminée s'abîmait à son tour...

Ces malheureux offraient un tableau navrant, digne du peintre du déluge...

Le père, debout, à demi vêtu... livide... les lèvres bleuâtres, l'œil hagard, se cramponnait de son bras gauche à la cheminée déjà vacillante ; sur ses épaules, il portait ses deux enfants les plus âgés qui se tenaient étroitement embrassés ; à son poignet droit était enroulée une corde dont il avait pu attacher l'autre bout à l'S en fer de la cheminée ; à l'aide de cette corde, qui ceignait les reins de sa femme, il la soutenait et l'empêchait de tomber à l'eau : car l'infortunée, paralysée par le froid, la fatigue et la terreur, avait perdu presque tout sentiment ; le seul instinct maternel lui faisait serrer contre sa poitrine, entre ses bras roidis, un enfant à la mamelle ; pour le mieux tenir et le préserver, elle avait pris entre ses dents qu'un spasme convulsif ne lui permettait plus de desserrer, le bas d'une jupe de laine dont elle s'était couverte à la hâte.

L'agonie de ces malheureux durait depuis plus de cinq heures.

Anéantis par l'épouvante, ils semblaient ne plus voir, ne plus entendre.

Lorsque David, arrivant à portée de voix, leur cria :

— Tâchez de saisir la corde que je vais vous jeter !

Il ne reçut aucune réponse ; ceux qu'il venait sauver, restaient pétrifiés.

Reconnaissant que les naufragés étaient incapables de concourir à leur propre salut, David agit promptement, car le pignon et ce qui restait de toiture, menaçait de s'abîmer d'un moment à l'autre.

Le batelet, poussé par le courant, fut manœuvré de façon à aborder les ruines du bâtiment dans le sens opposé à leur chute imminente; puis pendant que Frédérik, s'accrochant des deux mains à une poutre saillante, maintenait l'embarcation latéralement à la toiture, David, un pied sur la proue et l'autre sur les chevrons vacillants, enlevant la mère d'un bras vigoureux, la plaçait au fond du bateau ainsi que son enfant.

Alors seulement, l'intelligence de ces infortunés, jusque-là stupéfiée par l'épouvante, se réveilla tout à fait.

Jean-François, se tenant d'une main à la corde, fit passer ses deux enfants de ses bras entre ceux de David et de Frédérik, puis le métayer descendit lui-même dans le batelet, s'y étendit à côté de sa femme et de ses enfants, sous les chaudes couvertures, tous restant immobiles de crainte d'imprimer à l'embarcation de dangereuses oscillations, durant son trajet jusqu'aux eaux mortes.

A peine Frédérik courait-il à ses avirons pour s'éloigner des ruines de la métairie, qu'elles s'abîmèrent.

Le reflux causé par l'immersion de cette masse de décombres fut si violent, qu'une grosse lame sourde souleva un instant le batelet; puis, lorsqu'il s'abaissa, Frédérik aperçut à dix pas de lui, au milieu d'un flot d'écume jaillissante, la yole du marquis à demi couchée sur son plat-bord, et prête à sombrer sous le poids d'un enchevêtrement de charpentes et de pierres; car, abordant la métairie au moment même et dans le sens de son écroulement, l'embarcation avait été couverte de décombres.

Frédérik, à la vue du danger que courait la pirogue, suspendit un instant le mouvement de ses rames, et s'écria en se retournant vers David :

— Pour les secourir, que faire? Faut-il?...

Il n'acheva pas.

Il quitta ses rames, s'élança à l'avant du batelet, et plongea au milieu des eaux.

S'emparer des avirons si imprudemment abandonnés par Frédérik et nager avec une vigueur désespérée vers l'endroit où il venait de voir disparaître le fils de madame Bastien, tel fut le premier mouvement de David : au bout de deux minutes d'angoisses inexprimables, il vit Frédérik reparaître au-dessus du gouffre, nageant vigoureusement d'une seule main et traînant un corps après lui.

En quelques coups d'aviron, David rejoignit son élève.

Celui-ci, saisissant alors, de la main dont il venait de nager, la proue du batelet, soutint de son autre main, à fleur d'eau, Raoul de Pont-Brillant, pâle, inanimé, et dont le visage était couvert de sang.

Le marquis, frappé à la tête par l'un des débris qui avaient failli faire sombrer sa yole, avait été, de ce coup violent, jeté à l'eau, pendant que ses rameurs effrayés ne songeaient qu'à débarrasser l'embarcation des charpentes qui la couchaient sur le flanc. Elle reprenait à peine son équilibre, que le patron, s'apercevant de la disparition de son maître, jeta des regards effarés autour de la pirogue... il aperçut alors le marquis soutenu à fleur d'eau par Frédérik.

Les six rameurs de la yole eurent bientôt atteint le batelet et recueilli à leur bord Raoul de Pont-Brillant, complétement évanoui.

Frédérik, avec l'aide de David, sortait de l'eau et remontait dans le batelet, lorsque les rameurs du château lui crièrent avec effroi :

— Gare à vous... un train de bois...

En effet, cette masse flottante, arrivant rapidement derrière le batelet, n'avait pas été aperçue de David, entièrement occupé de Frédérik.

A ce nouveau danger, le précepteur retrouva sa présence d'esprit, il lança sa gaffe à crochet sur la pirogue du marquis, et, au moyen de ce point d'appui, il se hâla vers elle, et échappa ainsi au choc du train de bois.

— Ah! monsieur, — dit à David le patron des rameurs, — pendant les quelques secondes que le batelet resta bord à bord avec la pirogue du château, — le nom... le nom du courageux jeune homme qui vient de sauver M. le marquis?...

— La blessure de M. de Pont-Brillant peut

être grave, — dit David, sans répondre à la question du patron, — retournez en hâte au château... c'est plus prudent.

Puis, dégageant le crochet de sa gaffe de la pirogue, afin de rendre au batelet sa liberté d'action, David dit à Frédérik qui, la figure radieuse, rejetait en arrière sa longue chevelure ruisselante :

— A vos rames, mon enfant, Dieu est avec nous... Atteignons les eaux mortes, et nous sommes sauvés.

Dieu, ainsi que l'avait dit David, protégeait le batelet.

Il atteignait sans encombre les eaux mortes.

Là, le danger cessait presque entièrement.

Le précepteur, n'ayant plus à veiller à l'avant, prit les avirons des mains lassées de Frédérik, pendant que celui-ci s'empressait de faire boire un peu de vin aux naufragés.

Dix minutes après, le batelet atterrissait à la rive de l'inondation.

IX

A leur débarquement sur la rive de l'inondation, David et Frédérik trouvèrent madame Bastien.

La jeune femme avait assisté à quelques-uns des épisodes de ce courageux sauvetage, à l'aide de la longue-vue de David, la quittant et la reprenant tour à tour, selon que le danger était imminent ou surmonté...

Tantôt Marie trouvait au-dessus de ses forces d'assister ainsi de loin à la lutte héroïque de son fils contre tant d'obstacles sans pouvoir seulement l'encourager du geste et de la voix.

Tantôt elle cédait au désir irrésistible de savoir si Frédérik avait échappé aux dangers dont il était à chaque instant menacé...

Durant cette demi-heure pleine d'admiration et de larmes, d'élans, d'espérance et de frémissements de terreur, Marie, plus d'une fois, put juger de la courageuse sollicitude de

David pour Frédérik ; aussi renoncerons-nous à peindre les transports de la jeune mère, lorsqu'elle vit aborder le batelet où se trouvaient son fils, David et les malheureux qu'ils venaient de sauver si intrépidement.

Mais le bonheur de Marie devint une sorte de recueillement religieux, lorsqu'elle eut appris de David, que Raoul de Pont-Brillant devait la vie à Frédérik.

Ainsi se trouvait providentiellement expiée la tentative homicide de ce malheureux enfant.

Ainsi disparaissait de sa vie la seule tache

que sa régénération même n'avait pu jusqu'alors complétement effacer.

Le métayer et sa famille, comblés de soins touchants par madame Bastien, furent installés à la ferme; car ces malheureux ne possédaient plus rien au monde.

Ni cette nuit, ni ce jour, ne virent le terme des angoisses de madame Bastien.

Les routes coupées par cette inondation soudaine, contre laquelle on n'avait pu se prémunir, rendaient si rares les moyens de sauvetage, que, dans un rayon de pays assez étendu et nommé le Val, le bâtelet de Frédérik fut la seule ressource des inondés.

Cette basse plaine, presque entièrement submergée, contenait un grand nombre de métairies isolées; les unes furent complétement détruites, et leurs habitants périrent; d'autres maisons résistèrent à l'impétuosité des eaux, mais furent tellement près d'être envahies par la crue, que Frédérik et David, dans l'après-dîner du même jour et dans la journée du lendemain, accomplirent encore plusieurs dangereux sauvetages, où portèrent des vêtements et des provisions à d'autres victimes du désastre, réfugiées dans leurs greniers, pendant que les eaux remplissaient l'étage inférieur.

Frédérik et David déployèrent dans ces nombreuses expéditions un courage, une persévérance infatigables qui furent le salut de ceux qu'ils secoururent et l'admiration des gens que le progrès des eaux avait peu à peu rejetés sur le plateau élevé où était bâtie la ferme de madame Bastien.

Il faut le dire : les enseignements de David portaient leurs fruits.

La vaillance et la générosité naturelles de Frédérik furent excitées à une incroyable puissance par les sentiments de son Envie à l'endroit de Raoul de Pont-Brillant.

« — Je ne suis qu'un demi-paysan; je ne
« suis ni riche ni marquis; je n'ai ni barque
« peinte ni rameurs en livrée, ni ancêtres qui
« me regardent; je n'ai que les encourage-
« ments de ma mère, l'appui d'un ami, mes

« deux bras et mon énergie, — se disait le
« jeune homme avec fierté;—et il faudra pour-
« tant qu'à force de dévouement envers les
« victimes du fléau, mon nom obscur et roturier
« devienne un jour, dans ce pays, aussi re-
« tentissant que l'a jamais été l'illustre et grand
« nom de Pont-Brillant... Tout mon regret est
« que la blessure du marquis le retienne au
« château... J'aurais si ardemment rivalisé
« avec lui de zèle et d'intrépidité, à la face de
« tous ! »

En effet, la blessure reçue par Raoul de
Pont-Brillant avait été assez grave pour le retenir au lit, à son grand regret ; car, à la première nouvelle de l'inondation, il s'était vaillamment jeté dans une de ses yoles de prome-

nade, et avait ordonné qu'on le conduisît là où il pourrait être utile.

Mais, une fois hors d'état de commander, de diriger, d'animer ses gens, l'inaction du marquis s'étendit au reste de sa maison, et la douairière de Pont-Brillant ne songeant qu'aux inquiétudes que lui donnait la blessure de son petit-fils, ne s'inquiéta nullement des conséquences de ce désastre, et tança même vertement le patron de la barque de ne s'être pas opposé à la folle témérité de Raoul.

Madame Bastien entendait autrement les devoirs d'une mère; elle vit d'un œil ferme son fils partir pour aller braver de nouveaux périls; elle ne chercha quelque distraction à ses craintes sans cesse renaissantes, que dans une foule de soins touchants prodigués par elle, avec un adorable zèle, à tous ceux dont elle était devenue la Providence.

Ce fut ainsi que Marie traversa ces deux longues journées d'angoisses.

Le surlendemain de l'inondation, son niveau s'était de beaucoup abaissé, les routes furent rendues à la circulation; quelques ponts, réparés à l'aide de charpentes, permirent d'organiser des moyens de secours efficaces...

A mesure que les eaux se retiraient, les infortunés que le fléau avait chassés de leur demeure, y retournaient l'âme navrée, se hâtant dans leur amère impatience, d'aller juger de l'étendue de leurs désastres...

Aussi le soir du troisième jour, la ferme de madame Bastien, qui depuis la veille était un lieu de salut et de refuge pour tous, redevint solitaire comme par le passé; la famille de Jean-François resta seule dans la maison, car elle ne possédait plus d'abri.

Lorsque la route de Pont-Brillant redevint libre, le docteur Dufour, dont l'inquiétude avait été extrême, accourut à la ferme, s'assura avec autant de surprise que de joie, que, malgré les fatigues et les émotions de ces deux terribles journées, aucun de ses trois amis n'avait besoin de ses soins, apprit de Marie la merveilleuse guérison de Frédérik et, après deux heures de délicieux épanchements, il quitta ces gens alors si heureux, qui allèrent enfin goûter un repos vaillamment acheté.

Raoul de Pont-Brillant apprit bientôt que le jeune homme qui l'avait arraché à une mort presque certaine était Frédérik Bastien.

Le marquis, encore hors d'état de se lever, pria sa grand'mère d'aller remercier pour lui M. Frédérik Bastien.

La douairière n'avait pas renoncé au projet de donner pour maîtresse à son petit-fils cette charmante petite bourgeoise, si voisine du château, et dont le mari était toujours absent;

aussi, trouvant dans sa naïveté cynique l'occasion excellente *pour engager l'affaire,* ainsi qu'elle disait à Zerbinette, et parvenir à rencontrer madame Bastien, chez qui elle s'était en vain présentée deux fois, la marquise partit en grand équipage et se rendit à la ferme.

Cette fois, Marguerite n'eut pas besoin de mentir pour affirmer à la douairière que madame Bastien ne se trouvait pas chez elle. En effet, durant plusieurs jours, la jeune femme fut presque continuellement hors de sa maison, occupée à prodiguer de tous côtés des secours et des consolations.

La marquise, piquée de l'inutilité de cette visite, dit en rentrant à sa fidèle Zerbinette :

— C'est un vrai guignon... on dirait, par ma foi! que c'te petite sotte vise à ne point me rencontrer... Ces difficultés-là m'impatientent, et il faudra bien que j'en arrive à mes fins... sans compter que si Raoul sait s'y prendre, c'est une excellente entrée de jeu pour lui que d'avoir été repêché par ce dadais. Pardi! au nom de sa reconnaissance pour le fils, Raoul a le droit de ne pas bouger de chez la mère... et de vous l'empaumer... c'est une fameuse occasion, aussi je m'en vas lui faire la leçon, à ce cher garçon.

. . . .

On était au 31 décembre, quinze jours environ après l'inondation.

Les désastres avaient été incalculables, surtout pour une foule de malheureux, qui, de retour dans leurs masures à demi écroulées et remplies de limon, ne retrouvaient que les murailles imprégnées d'eau, à peine abritées par un toit effondré.

C'était une ruine générale.

Celui-ci avait perdu sa petite provision de grains ramassée au glanage ou achetée à grand'-peine pour la nourriture de l'hiver.

Celui-là avait vu entraîner par les eaux son porc ou sa vache, trésors du prolétaire des champs; d'autres ne possédaient même plus le mince matelas servant de couche à toute la famille; presque tous enfin avaient à déplorer l'ensablement du petit champ dont ils vivaient et dont ils payaient cher le fermage.

Ailleurs les vignes étaient déracinées, et le vin soigneusement conservé pour payer la *locature*, emporté avec ses futailles; enfin, pour tous ces infortunés qui, de l'aube au couchant, travaillant avec l'infatigable énergie du besoin, ne pouvaient cependant, comme on dit, *joindre les deux bouts*, ces quarante-huit heures de fléau devaient peser pendant plusieurs années sur leur misérable existence et la rendre plus misérable encore.

Le marquis de Pont-Brillant et sa grand'-

mère se conduisirent plus que royalement : ils envoyèrent vingt mille francs au maire, vingt mille francs au curé, le lendemain de l'inondation.

Marie, nous l'avons dit, ne possédait jamais d'autre argent que la faible somme mensuelle qui lui était allouée, pour son entretien et celui de son fils, par M. Bastien ; somme sur laquelle Marie trouvait encore moyen d'épargner quelque peu pour le pain de l'aumône ; elle écrivit donc immédiatement à son mari, alors retenu par ses affaires au fond du Berri, pour le supplier de lui envoyer promptement deux ou trois mille francs, afin de venir en aide à tant de misères.

M. Bastien répondit en demandant à sa

femme *si elle se moquait de lui ;* car il avait, disait-il, dix arpents de ses meilleures terres du Val ensablées ; aussi, loin de venir en aide aux autres, espérait-il bien être compris parmi les inondés le plus largement indemnisés ; ses affaires terminées, il devait venir à la ferme dresser l'état de ses pertes afin d'évaluer sa part aux secours du gouvernement.

Madame Bastien, plus affligée que surprise de la réponse de son mari, eut recours à d'autres expédients.

Elle possédait quelques bijoux héritage de sa mère ; il y avait à la ferme une quinzaine de couverts et quelques autres pièces d'argenterie ; la jeune femme envoya Marguerite vendre à Pont-

Brillant argenterie et bijoux ; le tout rapporta environ deux mille francs ; David demanda à Marie la permission de doubler la somme, et cet argent, employé avec une rare intelligence, fut le salut d'un grand nombre de familles.

Parcourant le pays avec son fils, pendant que David s'occupait des achats, Marie voyait tout par elle-même et doublait le prix de ses bienfaits par de touchantes paroles ; un sac de grain à ceux-ci, des effets mobiliers à ceux-là, du linge, des vêtements. Le tout était distribué par la jeune femme avec autant de discernement que d'à-propos, et approprié aux besoins de chacun.

Jacques Bastien possédait une vaste et superbe sapinière. La jeune femme, quoiqu'elle s'attendît à la fureur de son mari en apprenant cet *énorme attentat,* fit résolûment abattre un millier des plus beaux sapins ; et bien des maisons sans toiture furent au moins solidement couvertes pour l'hiver avec des poutres et des chevrons de bois rustique, sur lesquelles on étendait une couche épaisse de genêts sauvages reliés et clayonnés au moyen de longues et souples tiges de marsaules.

Ce fut David qui, ayant vu dans ses voyages alpestres des abris ainsi construits résister aux vents et aux neiges des montagnes, donna l'idée de ces toitures aux paysans; dirigeant, partageant leurs travaux, il put utiliser et appliquer encore une foule de connaissances pratiques acquises dans ses longues pérégrinations.

Ainsi l'inondation avait emporté beaucoup de moulins et la plupart des fours des maisons isolées, ces fours étant ordinairement bâtis en dehors et en saillie des pignons; aller acheter du pain à la ville, toujours éloignée de ces demeures disséminées dans le Val, c'était d'abord le payer plus cher, puis il fallait perdre presque une journée, et le temps est précieux après un tel désastre; David avait vu les Egyptiens nomades concasser le blé entre deux pierres en l'humectant, et confectionner ainsi des galettes qu'ils faisaient cuire sous la cendre chaude : il enseigna ce procédé aux familles dont le four avait été détruit, et elles eurent du moins, pendant les premiers jours, une alimentation facile et suffisante.

Mais, en toute occasion, David admirablement secondé par Frédérik, se plaisait à s'effacer devant celui-ci, à attirer sur lui la reconnaissance, autant pour le récompenser de son zèle que pour l'engager de plus en plus dans la voie généreuse où il marchait.

Et d'ailleurs, lors même que David n'aurait pas agi avec cette délicate et intelligente sollicitude, Frédérik avait déployé tant de courage, tant de persévérance; il se montrait si affectueux, et compatissait enfin si visiblement aux maux que lui et sa mère allégeaient de tout leur pouvoir, que son nom était dans toutes les bouches, son souvenir dans tous les cœurs.

Durant la quinzaine qui suivit l'inondation, toutes les journées furent employées par madame Bastien, son fils et David, à ces occupations bienfaisantes.

La nuit venue, l'on rentrait bien fatigué, quelquefois mouillé ou couvert de neige, chacun allait faire une toilette dont le soin et l'excessive propreté étaient le seul luxe.

Marie Bastien revenait au salon d'étude, coiffée de ses magnifiques cheveux bruns, et, selon son habitude, presque toujours vêtue d'une robe de drap gros bleu montante, merveilleusement ajustée à sa taille de nymphe ; l'éblouissante blancheur de deux manchettes plates, et d'un col uni maintenu par une petite cravate de soie cerise ou orange, relevait la couleur foncée de cette robe, qui parfois laissait voir un pied charmant toujours fraîchement chaussé d'un bas de fil d'Ecosse à jour, éclatant comme la neige, et sur lequel se croisaient les cothurnes de soie d'un tout petit soulier de peau mordorée.

Cette vie active, passée continuellement au grand air, l'allégresse de l'esprit, l'épanouissement du cœur, l'expansion habituelle des sentiments les plus tendrement charitables, la sérénité de l'âme, avaient non-seulement effacé des traits enchanteurs de Marie Bastien jusqu'à la dernière trace de ses souffrances passées ; mais, ainsi que certaines fleurs qui, après avoir un peu langui, se relèvent souvent plus vivaces, plus fraîches encore, la beauté de Marie était devenue éblouissante, et parfois David s'oubliait à la contempler dans une muette adoration.

Les mêmes causes produisaient les mêmes résultats chez Frédérik ; il était plus florissant que jamais de jeunesse, de vigueur et de grâce.

Marie, son fils et David, rassemblés dans le salon d'étude, après ces journées d'actif et courageux dévouement, causaient des événements de la matinée, en attendant le dîner, auquel on faisait gaiement honneur, sans songer que la modeste argenterie était remplacée par un brillant maillechort; après le repas, on allait visiter un atelier où Marie réunissait plusieurs ouvrières, chargées de confectionner du linge et des vêtements; l'économie de ce procédé permettait presque de doubler les dons, puis l'on revenait terminer ces longues soirées d'hiver dans le salon d'étude, autour d'un foyer pétillant, pendant que la bise glacée soufflait au dehors.

Les heures s'écoulaient délicieusement entre ces trois personnes désormais unies par des liens sacrés, indissolubles.

Tantôt l'on parlait de divers projets pour

l'avenir de Frédérik, car, après ces quinze jours si vaillamment occupés, il devait commencer de nouvelles études sous la direction de David.

Celui-ci ayant parcouru les deux mondes, on parlait souvent de voyages, et il répondait à l'infatigable curiosité de ses deux interlocuteurs; fallait-il décrire un costume, une arme, un site, il suppléait à la description par le dessin.

Une lecture attachante, ou l'exécution de quelque morceau de musique, terminait la soirée, car David était excellent musicien; aussi parfois faisait-il entendre à Marie et à son fils

les airs nationaux de différents pays ou des can-
tilènes d'une naïveté primitive.

Dans ces familiers entretiens, mêlés d'é-
panchements intimes, David appréciait de plus
en plus le sens exquis et l'élévation d'âme de
madame Bastien. Délivrée de toute triste préoccupation, elle avait retrouvé sa liberté d'esprit;
il remarquait aussi avec bonheur tout le parti
qu'il pourrait tirer de l'impulsion généreuse
qu'il avait donnée aux idées de Frédérik ; aussi
méditait-il un plan d'études et de direction
pratiques qu'il devait bientôt soumettre à Marie
et à son fils.

Chaque jour enfin, David s'attachait davan-
tage à son élève, déversant ur lui tout ce

qu'il avait amassé, thésaurisé, de tendresse dans son cœur, depuis la mort si regrettée de son jeune frère. En aimant ainsi passionnément le fils de madame Bastien, David trompait ses souvenirs fraternels... de même que l'on tâche souvent de tromper des regrets en s'éprenant d'une ressemblance.

Bien souvent minuit sonnait, et l'heureux *trio* se regardait avec surprise, déplorant la marche rapide du temps... en s'écriant :

— Déjà !

Et l'on se disait :

— A demain !

Marie rentrait chez elle ; mais Frédérik reconduisait David à sa chambre, et là, que de fois, debout à l'embrasure de la porte, le précepteur et l'élève s'oublièrent dans le charme d'une causerie prolongée! l'un écoutant avec foi, répondant avec entraînement, questionnant avec l'ardeur de son âge, l'autre parlant avec la touchante sollicitude de l'homme mûr qui sourit mélancoliquement à la jeunesse impatiente de s'élancer dans la voie mystérieuse de ses destinées.

Que de fois la vieille Marguerite fut obligée de monter jusqu'au palier de la chambre de David, et de dire à Frédérik :

— Mais, monsieur, il est minuit, il est une

heure du matin... Vous savez bien que madame ne se couche jamais avant vous...

Et Frédérik serrait les mains de David, et redescendait chez sa mère.

Là, David était encore le sujet de longs entretiens entre la jeune femme et son fils.

— Mère, — disait Frédérik, — combien le récit de ce voyage dans l'Asie-Mineure était intéressant !

— Oh! oui... on ne peut plus attachant, — reprenait la jeune femme, — et ensuite, Frédérik, que de curieuses choses M. David nous a apprises sur les vibrations du son, et cela tout simplement à propos de cette corde de piano cassée.

— Mère... et la comparaison des propriétés du son à celles de la lumière?... c'était attrayant comme un conte fantastique.

— Et ce délicieux morceau de Mozart qu'il nous a joué!... Tu sais le chœur des petits génies de *la Flûte enchantée?...* C'était aérien... ailé... Quel bonheur que de pauvres sauvages comme nous n'ayons jusqu'ici rien connu de Mozart... pour nous, c'est découvrir un trésor d'harmonie.

— Et cette anecdote sur la vieillesse d'Haydn, comme c'était touchant!...

— Et ce qu'il nous disait de l'association des frères Moraves et des disciples d'Owen en Amérique... Que de misères de moins, que de bien-être pour tant de pauvres gens, si ces idées étaient appliquées dans nos pays !

— As-tu remarqué, mère?... Il a eu un instant les larmes aux yeux en parlant du bonheur qui pourrait être le partage de tant de gens qui souffrent.

— Ah ! mon pauvre enfant, c'est le plus noble cœur qu'il y ait au monde.

— Mais aussi, mère, comme nous le chérissons ! Oh ! il faudra, vois tu, tant l'aimer...

tant l'aimer, qu'il lui soit impossible de nous quitter jamais... Il n'a plus de famille... son meilleur ami, le docteur Dufour, est notre voisin ;... où M. David pourrait-il se trouver mieux qu'avec nous?

— Nous quitter, — s'écriait Marie, — nous quitter... mais c'est lui qui fait notre force, notre foi, notre confiance dans l'avenir... Est-ce qu'il peut nous abandonner maintenant !

La vieille Marguerite était alors obligée d'intervenir encore.

— Pour l'amour de Dieu, madame, couchez-vous donc, voilà deux heures du matin,

— disait la vieille servante, — vous êtes levée depuis six heures et M. Frédérik aussi, et puis tant de fatigue dans la journée, ça n'a pas le bon sens, non plus!

— Marguerite a raison de nous gronder, mon enfant, — disait Marie en souriant et en baisant son fils au front : — nous sommes fous de nous coucher si tard.

Et le lendemain il fallait encore les récriminations de Marguerite pour couper court aux entretiens de la mère et du fils.

Deux ou trois fois Marie se coucha doucement rêveuse.

Un soir, pendant que Frédérik faisait une lecture, son ami, pensif, accoudé à la table de travail, appuyait son front sur sa main; la lumière de la lampe, concentrée par l'abat-jour, éclairait alors en plein l'expressive et noble figure de David.

Marie, un moment distraite de la lecture, arrêta son regard sur le sauveur de son fils... et contempla longtemps David.

Peu à peu... la jeune femme sentit ses yeux devenir humides... son beau sein palpiter fortement, et une légère rougeur lui monter au front.

A ce moment David leva par hasard les yeux et rencontra le regard de Marie.

Celle-ci baissa aussitôt la vue et devint pourpre...

Une autre fois David était au piano, accompagnant Frédérik et Marie qui chantaient un duo; la jeune femme voulut tourner la feuille de la partition, David avait eu la même pensée... sa main rencontra la main de Marie...

A ce contact électrique elle tressaillit, tout

son sang reflua vers son cœur, et un nuage passa devant ses yeux.

Malgré ces symptômes significatifs la jeune mère s'endormit ce soir-là rêveuse, mais pleine de calme et de chaste sérénité.

Comme toujours, elle baisa son fils au front sans rougir...

. . . .

Ainsi s'était écoulée la dernière quinzaine de décembre.

La veille du jour de l'an, David, Marie et

son fils s'apprêtaient à sortir pour aller porter quelques derniers secours à leurs protégés, lorsque Marguerite remit à sa maîtresse une lettre qu'un exprès venait d'apporter.

A la vue de l'écriture, Marie ne put cacher sa surprise et sa crainte.

Cette lettre était de M. Bastien, et ainsi conçue :

« Madame ma femme, (dont je ne suis pas
« content du tout),

« Mes affaires dans le Berry sont terminées
« plus tôt que je ne le pensais. Je suis à Pont-

« Brillant, avec mon compère Bridou, occupé
« à vérifier des comptes. Nous partirons tantôt
« pour la ferme, où Bridou restera quelques
« jours avec moi, pour m'aider à évaluer l'in-
« demnité qui me sera due sur le secours al-
« loué aux inondés ; car il faut qu'à quelque
« chose malheur soit bon.

« Nous arriverons pour dîner.

« Veillez à ce qu'il y ait surtout un gigot
« avec la grosse gousse d'ail de rigueur, et une
« fameuse soupe aux choux, comme je les
« aime, avec force petit salé de mes porcs et
« force saucisson de Blois ; veillez surtout à
« cela, s'il vous plaît.

« *Nota benè*. J'arrive de très-mauvaise hu-
« meur, et très-disposé à frotter les oreilles de
« M. mon fils, dans le cas où ses mélancolies
« et ses *genres* de petit-maître ne seraient pas
« passés.

« Votre mari, qui n'a pas envie de rire,

« Jacques Bastien.

« *P. S.* Bridou est comme moi : il aime *le
« fromage qui marche tout seul.* Dites à Mar-
« guerite de s'en pourvoir, et veillez-y. »

Madame Bastien était encore sous l'impression de surprise et de chagrin que lui causait

le retour inattendu de M. Bastien, lorsqu'elle fut tirée de cette préoccupation par un bruit tumultueux et toujours croissant qu'elle entendit au dehors.

On eût dit qu'un rassemblement considérable entourait la maison.

Soudain Marguerite entra en courant, les yeux remplis de larmes de joie, et s'écria :

— Ah! madame, venez... venez donc voir!

Marie, de plus en plus étonnée, suivit machinalement la servante.

X

Le temps était clair, le soleil d'hiver radieux.

Marie Bastien, en sortant du porche rustique, élevé au-dessus de la porte d'entrée de sa maison, vit défiler en ordre et se ranger derrière le petit jardin, une centaine de personnes environ, hommes, femmes, enfants, presque tous vêtus d'habits grossiers, mais chauds et neufs.

Cette espèce de cortége se terminait par une charrette ornée de branchages de sapin, sur laquelle était ce qu'on appelle dans le pays une *toue,* petit batelet plat, semblable à celui dont Frédérik et David s'étaient si vaillamment servis pendant l'inondation.

Derrière la charrette... qui s'arrêta à la porte du jardin, venait une calèche vide, attelée de quatre chevaux, montés par deux petits postillons à la livrée de Pont-Brillant; deux valets de pied étaient assis derrière.

A la tête du cortége marchait Jean-François le métayer ; il donnait la main à deux de ses enfants ; sa femme tenait le plus petit entre ses bras.

A la vue de madame Bastien, le métayer s'approcha.

— Bonjour, Jean-François, — lui dit affectueusement la jeune femme ; — que désirent ces braves gens qui vous accompagnent ?

— Nous voudrions parler à M. Frédérik, Madame...

Marie se retourna vers Marguerite, qui,

triomphante, se tenait derrière sa maîtresse, et lui dit :

— Courez prévenir mon fils, Marguerite.

— Ce ne sera pas long, Madame, il est dans la salle d'étude avec M. David.

Pendant que la servante était allée quérir Frédérik, Marie, apercevant seulement alors la calèche vide et magnifiquement attelée, arrêtée à la porte du jardin, se demanda ce que faisait là cette voiture.

Frédérik accourut, ne s'attendant pas au spectacle qui l'attendait.

— Que veux-tu, ma mère? — dit-il vivement.

Puis voyant la foule qui remplissait le petit jardin, il s'arrêta tout surpris et regarda Marie d'un air interrogatif.

— Mon enfant...

Mais la jeune femme dont le cœur battait délicieusement, fut obligée de s'interrompre; vaincue par l'émotion, elle venait de reconnaître que le rassemblement était entièrement composé de personnes secourues, lors du désastre, par elle, par son fils et par David.

Puis Marie reprit :

— Mon enfant... c'est Jean-François qui désire te parler... le voici...

Et l'heureuse mère s'effaça derrière son fils, en échangeant un regard de ravissement ineffable avec David, qui avait suivi son élève et se tenait à demi caché sous le porche.

Frédérik, dont l'étonnement augmentait, avait fait un pas vers Jean-François; celui-ci lui dit alors avec des larmes dans la voix :

« — Monsieur Frédérik... c'est nous autres
« pauvres gens du Val... qui... venons vous

« remercier de franc cœur... ainsi que votre
« brave mère... et votre ami, M. David, si
« brave aussi... Comme c'est moi... qui vous
« dois le plus... — poursuivit le métayer d'une
« voix de plus en plus entrecoupée par les lar-
« mes, et en montrant sa femme et ses enfants
« d'un geste expressif, — comme c'est moi...
« qui vous... dois... le plus... Monsieur Frédé-
« rik... les autres... m'ont dit... de... et...
« je... »

Le pauvre homme ne put achever.

Les sanglots étouffèrent sa voix.

D'autres sanglots d'attendrissement, partis

de la foule émue et recueillie, répondirent aux pleurs de Jean-François et interrompirent seuls le religieux silence qui régna quelques instants.

Le cœur de Frédérik se fondit en larmes célestes.

Il se jeta au cou de sa mère... comme s'il eût voulu reporter sur elle ces témoignages de reconnaissance dont il était si profondément touché.

A un signe de Jean-François qui essuyait ses yeux et tâchait de reprendre son sang-froid, plusieurs hommes du rassemblement étant allés vers la charrette chercher la toue, l'apportèrent à bras et la déposèrent devant Frédérik.

C'était un simple et rustique batelet avec ses deux rames en bois brut; seulement sur la *lisse* intérieure, on lisait écrit en lettres inégales et grossièrement entaillées dans la membrure :

Les pauvres gens du val a M. Frédérik Bastien.

Puis suivait la date de l'inondation.

Jean-François, ayant surmonté son émotion, reprit en montrant la toue au fils de madame Bastien :

— « Monsieur Frédérik, nous nous sommes
« réunis pour faire faire ce batelet... à peu
« près pareil à celui qui vous a servi à nous se-
« courir, à nous sauver... Excusez notre li-
« berté, monsieur Frédérik, mais... c'est de
« bien bonne intention et de bien bonne ami-
« tié... que nous vous apportons ce batelet.
« Quand vous vous en servirez, vous penserez
« aux pauvres gens du Val... et eux autres...
« vous aimeront toujours bien, monsieur Fré-
« dérik, ils apprendront votre nom à leurs pe-
« tits enfants... pour qu'un jour, devenus
« grands, ils l'apprennent aux leurs... car, ce
« nom-là, voyez-vous, monsieur Frédérik,
« c'est maintenant le BON SAINT NOM DU PAYS... »

Frédérik laissait couler ses larmes, muette
et éloquente réponse.

David, se penchant alors à l'oreille de son élève, lui dit tout bas :

— Mon enfant, ce rustique cortége ne vaut-il pas le brillant cortége de chasse de la *Saint-Hubert?*

Au moment où Frédérik se retournait vers David pour lui serrer la main, il se fit un mouvement dans la foule, qui, s'écartant soudain avec un murmure de surprise et de curiosité, donna passage à Raoul de Pont-Brillant.

Le marquis s'avança un peu en avant de Jean-François; puis, avec autant d'aisance que de parfaite bonne grâce, il dit à Frédérik :

— Je venais, Monsieur, vous remercier de m'avoir sauvé la vie... car c'est aujourd'hui ma première sortie ; mon devoir était de vous la consacrer ; j'ai rencontré sur ma route ces braves gens... Après m'être informé auprès de l'un d'eux, du but de leur rassemblement, je m'y suis joint... puisque, comme ces braves gens... je suis du Val, et qu'ainsi que plusieurs d'entre eux, je vous dois la vie, Monsieur...

Après ces mots, prononcés d'un accent peut-être plus poli qu'ému, le marquis de Pont-Brillant, avec un tact exquis, se confondit de nouveau dans la foule.

— Eh bien! mon enfant, — dit tout bas David à Frédérik, — n'est-ce pas maintenant M. de Pont-Brillant qui devrait vous porter envie?

Frédérik serra la main de David, et resta pendant quelques secondes sous l'empire de cette pensée :

Celui que j'ai voulu lâchement tuer... est là... ignorant ma funeste tentative et venant me remercier de lui avoir sauvé la vie...

Puis le fils de madame Bastien, s'adressant aux gens du Val, leur dit d'une voix chaleureuse, en se mêlant à eux et leur tendant ses mains, qui furent cordialement pressées :

— Mes amis, ce que j'ai fait... je l'ai fait par l'inspiration de ma mère... et avec l'aide de mon ami, M. David... C'est donc en leur nom et au mien que je vous remercie du fond du cœur de ces témoignages d'affection... Quant à ce batelet, — ajouta le jeune homme en se dirigeant vers la toue déposée au milieu du jardin, et la contemplant avec autant d'attendrissement que de joie, — il sera consacré aux promenades de ma mère... et cette touchante inscription nous rappellera les habitants du Val... que nous aimons comme ils nous aiment.

Puis Frédérik, s'adressant tour à tour à ceux qui l'entouraient, demanda à l'un si son guéret commençait à être défensable ; à l'autre, s'il espérait conserver quelque partie de sa vigne ; à celui-là, si la vase fécondante de la Loire, laissée sur son pré, n'atténuerait pas un peu le désastre dont il avait souffert ; à tous enfin, Frédérik disait un mot qui prouvait que les intérêts ou les malheurs de chacun lui étaient présents à l'esprit.

Marie, de son côté, parlant aux femmes, aux mères, aux enfants, trouvait pour tous un mot d'affection et de sollicitude, manifestées par des questions précises, qui prouvaient qu'ainsi que son fils, elle avait eu la connaissance parfaite de la position et des besoins de tous.

Frédérik espérait rejoindre le marquis de Pont-Brillant; il éprouvait le besoin de serrer la main de celui qu'il avait si longtemps poursuivi d'une haine acharnée ; il lui semblait que cette franche étreinte devait effacer pour lui jusqu'au dernier souvenir de la funeste action qu'il avait tentée... mais il ne retrouva pas le marquis, dont la voiture avait aussi disparu.

Seulement, après le départ des gens du Val,

Frédérik, rentrant chez lui avec sa mère et David, trouva Marguerite qui, toute fière, lui remit une lettre.

— Qu'est-ce que c'est que cette lettre, Marguerite? demanda le jeune homme.

— Lisez, M. Frédérik...

— Mère, tu permets... et vous aussi, mon ami?

David et Marie firent un signe de tête affirmatif.

Frédérik chercha des yeux la signature et dit aussitôt :

— C'est du marquis de Pont-Brillant.

— De lui-même, monsieur Frédérik, — reprit Marguerite... Avant de repartir en voiture, il est venu par la futaie et a demandé à vous écrire un mot...

— Viens dans la salle d'étude, mon enfant, — dit Marie à son fils.

David, Frédérik et sa mère étant seuls, le jeune homme dit naïvement :

— Je vais lire tout haut, mère...

— Comme tu voudras, mon enfant.

— Ah! mais j'y songe, — reprit Frédérik en souriant... c'est sans doute une lettre de remerciements... et lire cela soi-même...

— Tu as raison... tu en supprimerais les trois quarts, — reprit Marie en souriant à son tour... Donne cette lettre à M. David... il lira cela mieux que toi.

— Allons... — reprit gaiement Frédérik, — ma modestie me sert bien mal... Si ce sont des louanges... elles vont me paraître plus douces encore...

— Ce sera la punition de votre humilité, — dit gaiement David.

Et il lut ce qui suit :

« Ainsi que j'ai eu l'honneur de vous le
« dire, monsieur, j'étais parti de chez moi
« dans l'espoir de vous exprimer ma recon-
« naissance... J'ai rencontré des gens du Val
« qui venaient vous féliciter... vous, monsieur,
« dont le nom est à bon droit devenu popu-
« laire dans notre pays, depuis l'inondation ;
« j'ai cru devoir me joindre à ces bonnes gens,

« en attendant le moment de pouvoir vous
« remercier personnellement.

« J'aurais, monsieur, accompli ce devoir
« aujourd'hui même sans une circonstance as-
« sez délicate...

« En vous entendant remercier en si bons
« termes et d'une voix si émue les gens du Val,
« il m'a semblé reconnaître la voix d'une per-
« sonne avec qui *je me suis rencontré à la*
« *tombée de la nuit dans la cavée de la forêt*
« *de Pont-Brillant, il y a de cela environ*
« *deux mois...* car si j'ai bonne mémoire, cette
« rencontre avait lieu dans *les premiers jours*
« *de novembre.*

— Frédérik... qu'est-ce que cela signifie?... — demanda madame Bastien, en interrompant David.

— Tout à l'heure, mère... je te dirai tout...
— Veuillez continuer, mon ami.

David poursuivit :

« Il se peut, monsieur... et je le désire vi-
« vement... que le passage de ma lettre, re-
« latif à *cette rencontre*, vous paraisse incom-
« préhensible... dans ce cas, veuillez n'y atta-
« cher aucune importance, et l'attribuer à une
« erreur causée par une ressemblance de voix
« et d'accent, du reste fort singulière.

« Si, au contraire, *vous me comprenez,*
« monsieur; si vous êtes, en un mot, la per-
« sonne *avec qui je me suis rencontré* à la
« tombée de la nuit dans un endroit fort obs-
« cur, et sans pouvoir distinguer ses traits, qui
« seraient alors les vôtres, vous daignerez sans
« doute, monsieur, m'expliquer la contradic-
« tion (apparente... je l'espère), qui existe entre
« votre conduite envers moi, *lors de notre*
« *rencontre dans la forêt* et lors de l'inonda-
« tion.

« J'attendrai donc, monsieur, si vous voulez
« bien le permettre, l'éclaircissement de ce
« mystère, afin de savoir avec quels sentiments
« je dois désormais avoir l'honneur de me

« dire, monsieur, votre très-humble et très-
« obéissant serviteur,

« R. marquis DE PONT-BRILLANT. »

A peine la lecture de cette lettre, écrite avec une assurance et une hauteur précoces, était-elle terminée, que le fils de madame Bastien courut à une table, écrivit spontanément quelques lignes, plia le papier, et revint auprès de madame Bastien.

— Je vais, mère, — lui dit-il, — te raconter en deux mots l'aventure de la cavée : ensuite, toi et mon ami, vous jugerez si la réponse que je viens d'écrire à M. de Pont-Brillant est convenable.

Et Frédérik (sans parler de l'entretien de la douairière et de Zerbinette, surpris par lui... il aurait cru outrager sa mère) instruisit la jeune femme et David de tout ce qui s'était passé dans la funeste journée à laquelle le marquis faisait allusion... comment celui-ci, ayant refusé de se battre au milieu de l'obscurité avec un inconnu, et voulant se soustraire aux obsessions de Frédérik, l'avait renversé sous le poitrail de son cheval... comment alors Frédérik, dans le délire de sa rage, était allé s'embusquer près d'un endroit où devait passer le marquis, afin de le tuer.

Ce récit terminé, récit qui, sans justifier

Frédérik, expliqua du moins à sa mère et à David, par quelle succession de sentiments et de faits il avait été amené à concevoir l'idée d'un horrible guet-apens, tentative du moins ignorée de M. de Pont-Brillant, Frédérik dit à sa mère :

— Tiens... voici ma réponse à la lettre de M. Pont-Brillant :

Marie Bastien lut ce qui suit :

« Monsieur,

« Je vous avais provoqué sans raison... j'en

« ai honte... Je vous ai sauvé la vie... j'en suis
« heureux, voilà tout le mystère.

« Votre très-humble serviteur,

« Frédérik Bastien. »

— Bien, mon enfant... — dit vivement David... — vous avouez noblement une funeste pensée que vous avez rachetée au péril de votre vie...

— Quand je songe à cette réhabilitation et à tout ce qui vient de se passer... — reprit Marie avec une profonde émotion... — quand je me dis... que tout cela est votre ouvrage, monsieur David... et qu'il y a quinze jours à peine, mon fils se mourait... le cœur rongé de fiel...

— Et encore tu ne sais pas tout, — dit Frédérik en interrompant sa mère... — non, tu ne sais pas encore tout ce que tu dois à ce bon génie... qui est venu changer nos chagrins en bonheur.

— Que dis-tu, mon enfant?...

— Frédérik... — ajouta David d'un ton de reproche, car il pressentait la pensée du fils de madame Bastien...

— Mon ami... c'est aujourd'hui le jour des

aveux complets... et d'ailleurs je vois ma mère si heureuse... que... — Puis s'interrompant, — n'est-ce pas, mère, que tu es heureuse?

Marie répondit en embrassant son fils avec ivresse.

— Vous voyez bien, mon ami... ma mère est si heureuse... qu'un danger passé... ne peut plus lui causer du chagrin... surtout... lorsqu'elle aura une raison de plus... de vous aimer, de vous bénir.

— Frédérik... encore une fois je vous conjure.

— Mon ami... la seule raison qui jusqu'ici

m'a fait cacher ce secret à ma mère... c'était la crainte de l'affliger.

— De grâce... cher enfant... explique-toi... — s'écria Marie.

— Eh bien, mère... ce n'était pas un rêve... que ces adieux nocturnes... tu sais?...

— Comment... pendant cette nuit funeste... tu es venu?...

— Te dire adieu...

— Mon Dieu!... et où voulais-tu donc aller?

— Je voulais aller me tuer...

Marie poussa un cri d'effroi et devint toute pâle.

— Frédérik, — dit David, — vous voyez... quelle imprudence!...

— Non, non, monsieur David, — reprit la jeune femme en tâchant de sourire, — c'est moi qui suis d'une faiblesse... ridicule... Est-ce que mon fils n'est pas là... dans mes bras... sur mon cœur?...

Et en disant ces mots, Marie serrait en effet entre ses bras, son fils, assis auprès d'elle sur la causeuse ; puis, le baisant au front, elle ajouta d'une voix palpitante :

— Oh ! je te tiens... Maintenant je n'ai plus peur, je peux tout entendre...

— Eh bien, mère... dévoré d'envie, poursuivi surtout par le remords qui s'était éveillé à ta voix... j'ai voulu me tuer... Je suis sorti avec M. David... Je lui ai échappé... Il est parvenu à retrouver mes traces... J'avais couru du côté de la Loire... et lorsqu'il est arrivé...

— Ah ! malheureux enfant ! — s'écria Marie, — sans lui... tu périssais !...

— Oui... me voyant mourir... je t'avais apelée... toi, mère, comme on crie au secours... Il a entendu mes cris... s'est précipité dans la Loire... et...

Frédérik fut interrompu par Marguerite.

La vieille servante, cette fois, ne se présenta pas souriante et triomphante, mais craintive, alarmée, en disant tout bas à sa maîtresse, comme si elle lui eût annoncé une nouvelle fatale :

— Madame... madame... VOILA MONSIEUR.

———

XI

Ces mots de Marguerite :

Voilà monsieur,

Annonçant l'arrivée de Jacques Bastien, au moment même où Marie apprenait qu'elle devait à David et la guérison morale et la vie de son fils, causèrent à la jeune femme une telle stupeur, qu'elle resta muette, immobile et comme frappée d'un coup inattendu, car les divers incidents de la matinée lui avaient fait oublier la lettre de son mari.

Frédérik, de son côté, ressentit une triste surprise. Grâce à la réserve de sa mère, il ignorait jusqu'à quel point la conduite de son père envers elle avait toujours été injuste et dure ; mais certaines scènes domestiques dans lesquelles la brutalité naturelle de Jacques Bastien s'était souvent manifestée, la rudesse inintelligente avec laquelle il exerçait son autorité paternelle, lors de ses rares apparitions à la ferme, tout avait concouru à rendre les relations du père et du fils d'une extrême froideur.

David voyait aussi l'arrivée de M. Bastien avec une profonde appréhension; quoique bien décidé à faire à cet homme toutes les concessions possibles, à s'annihiler devant lui afin de mériter son indifférence, il lui était pénible de penser que la continuité de ses relations avec Frédérik et sa mère dépendait absolument d'un caprice de Jacques Bastien.

Marguerite précédait de si peu son maître, que David, Marie et son fils étaient encore sous le coup de leur étonnement et de leurs pénibles réflexions lorsque Jacques Bastien entra dans la salle d'étude, accompagné de son compère Bridou, huissier à Pont-Brillant.

Jacques Bastien, nous l'avons dit, était un

Hercule obèse; sa grosse tête, couverte d'une forêt de cheveux crépus d'un blond roux, était à peine séparée de ses puissantes épaules par un cou de taureau; il avait le visage large, vivement coloré et presque imberbe, comme beaucoup de gens d'une nature athlétique; le nez gros, la bouche lippue, l'œil à la fois rusé, sournois et méchant. La blouse bleue qu'il avait, selon sa coutume, par-dessus sa redingote, dessinait la proéminence de son ventre de Falstaff; il portait une casquette de poils de renard à oreillères, un pantalon de velours flottant et des bottes ferrées qu'il n'avait pas fait décrotter depuis plusieurs jours; de l'une de ses mains énormes et courtes, plus larges que longues, il tenait un bâton de houx relié à son poignet par une ganse de cuir gras;

faut-il tout dire : cette espèce de mastodonte, à dix pas, sentait le bouc.

Son compère Bridou, aussi vêtu d'une blouse par-dessus son vieil habit noir, et coiffé d'un chapeau rond, était un petit homme à bésicles, grêle, criblé de taches de rousseur, au regard matois, à la bouche pincée, aux pommettes saillantes ; on eût dit un furet portant lunettes.

A la vue de Jacques Bastien, David frémit de douleur et d'effroi, en songeant que la vie de Marie était à jamais enchaînée à celle de cet homme qui d'un jour à l'autre pouvait n'avoir même plus la générosité de l'absence...

Jacques Bastien et Bridou entrèrent dans la

salle d'étude sans saluer; les premiers mots que le maître du logis, le sourcil froncé, l'accent rude et courroucé, adressa à sa femme qui se leva pour le recevoir, furent ceux-ci:

— Qui a donc osé donner l'ordre d'exploiter ma sapinière?

— Quelle sapinière, monsieur? — demanda Marie, sans trop savoir ce qu'elle disait, tant elle était bouleversée par l'arrivée de son mari.

— Comment! quelle sapinière? — reprit Jacques Bastien; — mais ma sapinière de la route... Est-ce que je parle turc? En passant, je viens de voir qu'on avait abattu plus d'un millier de sapins de bordure... les plus beaux!...

Je vous demande qui s'est permis de les vendre sans mon ordre?

— On ne les a pas vendus, monsieur, — répondit Marie en reprenant son sang-froid.

— Si on ne les a pas vendus... Pourquoi les a-t-on abattus alors?... Qui les a fait abattre?

— Moi, monsieur.

— Vous!...

Et Jacques Bastien, stupéfait, garda un moment le silence, puis il reprit:

— Ah! c'est vous... Voilà du nouveau, par exemple... C'est un peu fort de café; qu'en dis-tu, compère Bridou?

— Dame!... Jacques... il faut voir...

— C'est ce que je vas faire... et pour quel besoin d'argent madame a-t-elle fait abattre mille de mes plus beaux sapins, s'il vous plaît?

— Monsieur... il vaudrait mieux, je crois, parler d'affaires lorsque nous serons seuls... Vous ne vous êtes pas sans doute aperçu que M. David... le nouveau précepteur de mon fils... était là?

Et madame Bastien d'un regard montra David qui s'était tenu à l'écart.

Jacques Bastien se retourna brusquement, et, après avoir toisé David qui s'inclina devant lui, il dit rudement :

— Monsieur... j'ai à parler à ma femme...

David salua, sortit, et Frédérik le suivit, outré de la réception que l'on faisait à son ami.

— Allons, madame... reprit Jacques Bastien... voilà le *cracheur de latin* parti... allez-vous me répondre, à la fin?...

— Quand nous serons seuls, monsieur.

— Si c'est moi qui gêne... — dit Bridou en faisant un pas vers la porte... — je vais filer.

— Ah çà! Bridou, est-ce que tu te moques du monde?... veux-tu bien rester là! — s'écria Jacques.

Puis se tournant vers Marie:

— Mon compère connaît mes affaires comme moi; or, nous parlons affaires, madame... car un mille de sapins de bordure, c'est une affaire, et une grosse... Bridou restera donc.

— Soit, monsieur... alors je vous dirai devant M. Bridou que j'ai cru devoir abattre vos sapins afin de les donner aux malheureuses gens du Val, pour les aider à rétablir leurs demeures à demi détruites par l'inondation.

FIN DU TOME TROISIÈME.

ŒUVRES D'ALEXANDRE DUMAS.

Monte-Christo	12 vol. in-8
Dame de Monsereau	3 vol. in-8
Les trois mousquetaires	8 vol. in-8
Vingt ans Après	8 vol. in-8
Reine Margot	6 vol. in-8
Ascanio	5 vol. in-8
Impressions de Voyage	5 vol. in-8
Le Speronare	4 vol. in-8
John Davis	4 vol. in-8
Le Corricolo	4 vol. in-8
Georges	3 vol. in-8
Fernande	3 vol. in-8
Le Maître d'Armes	3 vol. in-8
Sylvandire	3 vol. in-8
Nouvelles Impressions de Voyage	3 vol. in-8
Excursions sur les bords du Rhin	3 vol. in-8
Isabel de Bavière	3 vol. in-8
Pauline et Pascal Bruno	2 vol. in-8
Le Capitaine Pamphile	2 vol. in-8
Cécile	2 vol. in-8
Une année à Florence	2 vol. in-8
Le Capitaine Paul	2 vol. in-8
La Villa Palmieri	2 vol. in-8
Acté	2 vol. in-8
Othon l'archer	1 vol. in-8
Maître Adam le Calabrais	1 vol. in-8
Praxède	1 vol. in-8
Aventures de Lyderic	1 vol. in-8
Jeanne la Pucelle	1 vol. in-8
Filles, Lorettes et Courtisanes	1 vol. in-8

Corbeil, imprimerie de CRÉTÉ.

www.ingramcontent.com/pod-product-compliance
Lightning Source LLC
Chambersburg PA
CBHW070746170426
43200CB00007B/667